宣讲的方法

XUANJIANG DE FANGFA

本书编写组◎编

学习出版社

图书在版编目（CIP）数据

宣讲的方法 / 《宣讲的方法》编写组编. -- 北京：学习出版社，2024.1（2024.6 重印）

ISBN 978-7-5147-1255-1

Ⅰ. ①宣… Ⅱ. ①宣… Ⅲ. ①中国共产党－宣传工作－山东－学习参考资料 Ⅳ. ①D261.5

中国国家版本馆CIP数据核字(2024)第012179号

宣讲的方法

XUANJIANG DE FANGFA

本书编写组 编

责任编辑：徐 阳
技术编辑：贾 茹
装帧设计：映 谷

出版发行：学习出版社
北京市崇外大街11号新成文化大厦B座11层（100062）
010-66063020 010-66061634 010-66061646
网 址：http://www.xuexiph.cn
经 销：新华书店
印 刷：北京中科印刷有限公司

开 本：710毫米×1000毫米 1/16
印 张：14
字 数：163千字
版次印次：2024年1月第1版 2024年6月第5次印刷

书 号：ISBN 978-7-5147-1255-1
定 价：60.00元

前言

时代是思想之母，实践是理论之源。当代中国正经历着我国历史上最为广泛而深刻的社会变革，也正在进行着人类历史上最为宏大而独特的实践创新。这是一个需要思想理论的时代，是一个产生思想理论的时代，也是一个在伟大变革中不断推动思想理论向前发展的时代。

习近平新时代中国特色社会主义思想，是在新时代伟大实践中创立的，也必然随新时代伟大变革而发展。这一重要思想是党和国家必须长期坚持的指导思想，是引领全党全国各族人民为实现中华民族伟大复兴而奋斗的光辉旗帜，是引领中国、影响世界的当代中国马克思主义、21 世纪马克思主义。党的理论创新每前进一步，理论武装就跟进一步，理论宣讲也就要推进一步。如何让党的创新理论成果走进群众、赢得群众、武装群众，从而团结广大人民群众创造新的历史伟业，这是亟须解决的时代课题。

党的十八大以来，以习近平同志为核心的党中央高度重视理论武装工作，习近平总书记站在战略和全局的高度对新时代理论宣讲工作进行部署安排，提出了一系列新理念新思想新观点，系统回答了理论宣讲工作的方向性、根本性、全局性、战略性问题，为做好新时代理论宣讲工作提供了根本遵循和行动指南，也极大增强了广大干部群众做好新时代新征程理论宣讲工作的责任感使命感。

“党的理论武装工作不能搞形式，必须持续往深里走、往实里走”。[①] 习近平总书记以身示范宣讲党的创新理论，每次党的代表大会和全会过后，都亲自出席学习贯彻会议精神研讨班开班式并发表重要讲话，就会议精神作专题辅导，对做好宣讲工作作出重要指示。在习近平总书记关心指导下，各地广泛深入开展集中宣讲和面对面交流，解疑释惑、研机析理，使党的创新理论得以“飞入寻常百姓家”，从中央到地方学理论、用理论、讲理论氛围越发浓厚。

为推动新时代党的宣讲工作，有效普及党的创新理论成果，本书以“方法”为根本落脚点，坚持以伟大思想指引方法、以生动实践解说方法、以完整体系架构方法，探索系统全面和务实管用宣讲方法，为开展新时代理论宣讲工作提供科学的实践指引。

——坚持以伟大思想指引方法。伟大思想引领伟大实践，探索有效开展宣讲工作需要科学思想的指引。本书坚持以习近平新时代中国特色社会主义思想为指导，将习近平总书记对宣讲工作提出的重要指示要求融入宣讲方法探寻的各个维度，力求使习近平总书记对宣讲工作的重要指示要求与宣讲工作的开展得到全方位贯彻、全过程互动，始终坚持以习近平新时代中国特色社会主义思想为科学指引。

——坚持以生动实践解说方法。“触景”才能更好地“生情”。本书注重将讲故事与讲方法结合起来，坚持以小故事讲好大道理，以微实践勾画新方法，融合经典思想与生动实践，把讲理论、讲实

① 习近平：《在学习贯彻习近平新时代中国特色社会主义思想主题教育工作会议上的讲话》，人民出版社 2023 年版，第 3 页。

践、讲故事结合起来，既有理有料又有趣，使广大读者在娓娓道来的理论解读中体味思想隽永，在鲜活生动的宣讲实践中掌握宣讲精髓。

——坚持以完整体系架构方法。完整的理论体系是架构方法的重要工具，本书致力于探寻新时代理论宣讲工作的根本指导思想，深入探寻新时代理论宣讲工作的基本内涵、现实状况、丰富内容、多元主体、广阔场域、有效工具、现实保障，着力回答好新时代理论宣讲工作“是什么”“为什么”“讲什么”“谁来讲”“在哪讲”“怎样讲”等诸多实际问题，架构起一套完整科学的宣讲方法，以期为广大读者和从事宣讲实际工作的同志提供一些理论和实践方面的借鉴与参考。

CONTENTS 目录

一

理论引航瞻星辰

——深入学习领会习近平总书记关于理论宣讲工作的重要论述

宣传思想文化工作事关党的前途命运，事关国家长治久安，事关民族凝聚力和向心力，是一项极端重要的工作。新时代以来，围绕宣传思想文化工作，以习近平同志为核心的党中央召开的会议之密集、作出的决策部署之全面，习近平总书记论述之丰富系统、深刻厚重，在党的历史上是不多见的。

习近平总书记准确把握世界范围内思想文化相互激荡、我国社会思想观念深刻变化的趋势，以马克思主义政治家、思想家、战略家的历史主动精神、非凡理论勇气、卓越政治智慧、强烈使命担当，把宣传思想文化工作摆在治国理政的重要位置，亲自谋划、亲自部署、亲自推动，就文化建设一系列根本性问题阐明原则立场、廓清理论是非、指明奋进方向，提出了一系列新思想新观点新论断。

在 2018 年 8 月召开的全国宣传思想工作会议

上，习近平总书记用“九个坚持”高度概括了我们党对宣传思想工作的规律性认识；在2023年6月文化传承发展座谈会上，明确了文化建设方面的“十四个强调”，鲜明提出坚持党的文化领导权、深刻理解“两个结合”的重大意义、更好担负起新的文化使命等重大创新观点，提出建设中华民族现代文明的重大任务；2023年10月，习近平总书记对宣传思想文化工作提出“七个着力”的重要要求。习近平总书记在新时代文化建设方面的新思想新观点新论断，内涵十分丰富、论述极为深刻，是新时代党领导文化建设实践经验的理论总结，为我们做好新时代理论宣讲工作提供了行动指南。

（一）关于加强党对宣传思想文化工作的全面领导

万山磅礴必有主峰，龙衮九章但挈一领。“党是领导一切的，是最高的政治领导力量”[①]，坚持党的文化领导权，是事关党和国家前途命运的大事，是新时代做好宣传思想文化工作的根本保证。党的十八大以来，以习近平同志为核心的党中央始终把坚持党的全面领导放在推进新时代宣传思想文化工作的核心位置，围绕坚持和加强党对宣传思想文化工作的全面领导作出了一系列重要指示。深入贯彻落实好这些重要指示要求，理论宣传宣讲战线必须担责于肩、履责于行，为从思想上、精神上、文化上坚持党的执政地位、夯实党的执政基础作出应有的贡献。

1. 强调党的领导在新时代宣传工作中的定向功能

“党政军民学，东西南北中，党是领导一切的，是最高的政治领

① 《习近平关于全面从严治党论述摘编（2021年版）》，中央文献出版社2021年版，第59页。

导力量。”① 习近平总书记始终坚持发挥党的总揽全局、协调各方的领导核心作用，发挥党的领导在把握新时代宣传工作政治方向的功能，强调“要加强党对宣传思想工作的全面领导，旗帜鲜明坚持党管宣传、党管意识形态”②，“各级党委要负起政治责任和领导责任，加强对宣传思想领域重大问题的分析研判和重大战略性任务的统筹指导”③，“提高党把方向、谋大局、定政策、促改革的能力和定力，确保党始终总揽全局、协调各方”④。

2. 强调做好宣传思想工作必须讲党性

习近平总书记强调，“坚持党性，核心就是坚持正确政治方向，站稳政治立场，坚定宣传党的理论和路线方针政策，坚定宣传中央重大工作部署，坚定宣传中央关于形势的重大分析判断，坚决同党中央保持高度一致，坚决维护中央权威。这是大原则，决不能动摇”⑤，强调“必须增强政治意识、大局意识、核心意识、看齐意识，自觉维护党中央权威和集中统一领导，自觉在思想上政治上行动上同党中央保持高度一致”⑥，要求“所有宣传思想部门和单位，所有宣传思想战线上的党员、干部都要旗帜鲜明坚持党性原则”⑦。

---

① 《习近平关于全面从严治党论述摘编（2021年版）》，中央文献出版社2021年版，第58—59页。
② 习近平：《论党的宣传思想工作》，中央文献出版社2020年版，第342页。
③ 习近平：《论党的宣传思想工作》，中央文献出版社2020年版，第18页。
④ 习近平：《论党的宣传思想工作》，中央文献出版社2020年版，第3页。
⑤ 《习近平关于社会主义精神文明建设论述摘编》，中央文献出版社2022年版，第3页。
⑥ 习近平：《论党的宣传思想工作》，中央文献出版社2020年版，第3页。
⑦ 习近平：《论党的宣传思想工作》，中央文献出版社2020年版，第15页。

3. 强调牢牢掌握意识形态工作领导权

意识形态工作是党的一项极端重要的工作，集中力量开展意识形态工作是面对改革发展稳定复杂局面和社会思想意识多元多样、媒体格局深刻变化的重要举措，也是新时代宣传工作的重要任务。习近平总书记告诫全党“一刻也不能放松和削弱意识形态工作，必须把意识形态工作的领导权、管理权、话语权牢牢掌握在手中，任何时候都不能旁落，否则就要犯无可挽回的历史性错误”①，要求“各级党委要把做好意识形态工作摆在重要位置，加强组织领导，及时掌握意识形态形势和动态，对各种政治性、原则性、导向性问题要敢抓敢管，对各种错误思想必须敢于亮剑，帮助人们明辨是非，牢牢掌握意识形态工作主动权”②。

4. 强调党管宣传、党管意识形态、党管媒体

习近平同志在浙江工作时，对浙江省做好新闻舆论工作提出了 12 个字的要求，即“为党为民、激浊扬清、贵耳重目”，其中就把“为党为民”放在第一位来强调。习近平总书记强调，“党和政府主办的媒体是党和政府的宣传阵地，必须姓党，必须抓在党的手里，必须成为党和人民的喉舌，‘党报党刊一定要无条件地宣传党的主张’。无论时代如何发展、媒体格局如何变化，党管媒体的原则和制度不能变”③，要求“报刊、通讯社、电台、电视台、新闻网站的所有工作都必须体现党的意志、反映党的主张，必须维护党中央权威、

---

① 习近平:《论党的宣传思想工作》，中央文献出版社 2020 年版，第 21 页。
② 习近平:《论党的宣传思想工作》，中央文献出版社 2020 年版，第 23 页。
③ 习近平:《论党的宣传思想工作》，中央文献出版社 2020 年版，第 181—182 页。

维护党的团结，做到爱党、护党、为党”①。

5. 强调不断加强宣传思想工作队伍建设

习近平总书记强调，“宣传思想部门承担着十分重要的职责，必须守土有责、守土负责、守土尽责”②，强调“各级党委（党组）要把做好宣传思想文化工作作为重大政治责任扛在肩上，确保党中央关于文化建设的决策部署落到实处。各级宣传文化部门要强化政治担当，勇于改革创新，敢于善于斗争，不断开创新时代宣传思想文化工作新局面”③。习近平总书记关注宣传思想工作队伍建设，强调“宣传思想干部要不断掌握新知识、熟悉新领域、开拓新视野，增强本领能力，加强调查研究，不断增强脚力、眼力、脑力、笔力，努力打造一支政治过硬、本领高强、求实创新、能打胜仗的宣传思想工作队伍”④，要求“各级宣传部门领导同志要加强学习、加强实践，真正成为让人信服的行家里手”⑤。

（二）关于以人民为中心的工作导向

习近平总书记指出：“读者在哪里，受众在哪里，宣传报道的触角就要伸向哪里，宣传思想工作的着力点和落脚点就要放在哪里。”⑥

---

① 习近平：《论党的宣传思想工作》，中央文献出版社 2020 年版，第 182 页。
② 习近平：《论党的宣传思想工作》，中央文献出版社 2020 年版，第 18 页。
③ 《习近平对宣传思想文化工作作出重要指示强调　坚定文化自信秉持开放包容坚持守正创新　为全面建设社会主义现代化国家　全面推进中华民族伟大复兴提供坚强思想保证强大精神力量有利文化条件》，《人民日报》2023 年 10 月 9 日。
④ 习近平：《论党的宣传思想工作》，中央文献出版社 2020 年版，第 342 页。
⑤ 习近平：《论党的宣传思想工作》，中央文献出版社 2020 年版，第 18 页。
⑥ 《习近平在视察解放军报社时强调　坚持军报姓党坚持强军为本坚持创新为要　为实现中国梦强军梦提供思想舆论支持》，《人民日报》2015 年 12 月 27 日。

党的十八大以来，以习近平同志为核心的党中央把“坚持以人民为中心的工作导向”作为开展新时代宣传思想文化工作的重要抓手，围绕宣讲目标服务群众、宣讲内容来自群众、宣讲方法贴近群众作出一系列重要指示。

1. 强调坚持把服务群众作为新时代宣讲工作的政治任务

开展理论宣讲工作最根本的目的，就是要让党的创新理论走进群众、武装群众，进而赢得群众，让党的创新理论“飞入寻常百姓家”。习近平总书记始终高度重视理论武装，要求把满足人民的精神需求作为实现理论服务群众的着力点，强调“要树立以人民为中心的工作导向，把服务群众同教育引导群众结合起来，把满足需求同提高素养结合起来”①，“丰富人民精神世界，增强人民精神力量，满足人民精神需求”②，“了解百姓生活状况、把握群众思想脉搏，着眼群众需要解疑释惑、阐明道理”③；要求“要注意宣传群众、教育群众，用群众喜闻乐见、易于接受的方法开展工作，提高群众思想觉悟，让他们心热起来、行动起来”④。

2. 强调坚持从人民群众的生动实践中凝练宣讲内容

习近平总书记在党的二十大报告中指出：“人民性是马克思主义的本质属性，党的理论是来自人民、为了人民、造福人民的理论，

① 习近平:《论党的宣传思想工作》，中央文献出版社 2020 年版，第 16 页。
② 习近平:《论党的宣传思想工作》，中央文献出版社 2020 年版，第 16 页。
③ 习近平:《论党的宣传思想工作》，中央文献出版社 2020 年版，第 368 页。
④《习近平在中央党校（国家行政学院）中青年干部培训班开班式上发表重要讲话强调 年轻干部要提高解决实际问题能力 想干事能干事干成事》，《人民日报》2020 年 10 月 11 日。

人民的创造性实践是理论创新的不竭源泉。”[①]人民群众的火热实践是新时代理论宣讲内容的不竭源泉。马克思主义的学说是人民的学说，中国共产党的理论是人民的理论，开展新时代理论宣讲工作要从人民群众的创造中汲取理论创新智慧。习近平总书记从人民群众的生活环境角度理解人民群众的思想困惑和思维偏差，正视普通群众各种各样的观点和看法，要求“要多一些包容和耐心，对建设性意见要及时吸纳，对困难要及时帮助，对不了解情况的要及时宣介，对模糊认识要及时廓清，对怨气怨言要及时化解，对错误看法要及时引导和纠正”[②]，要“及时回应社会关切特别是群众的集中诉求，不回避矛盾，积极推动问题解决”[③]。习近平总书记要求宣传工作的开展，要贴近人民群众的生活实践，要以人民群众的历史讲好人民群众的现在和未来，要“多宣传报道人民群众的伟大奋斗和火热生活，多宣传报道人民群众中涌现出来的先进典型和感人事迹”[④]，强调“要注重发挥先进典型作用，多讲讲革命烈士和英雄人物的崇高风范”[⑤]。

3. 强调坚持创新人民群众喜闻乐见的宣讲方法

方法是照亮前行道路的火炬、是乘风破浪的航船。创新出人民群众喜闻乐见的宣讲方法，才能全面、准确、生动宣传党的创新理论，才能使党的创新理论“全方位浸润”人民群众生活，成为满足

① 习近平：《高举中国特色社会主义伟大旗帜　为全面建设社会主义现代化国家而团结奋斗——在中国共产党第二十次全国代表大会上的报告》，人民出版社2022年版，第19页。

② 习近平：《在网络安全和信息化工作座谈会上的讲话》，人民出版社2016年版，第8页。

③ 习近平：《论党的宣传思想工作》，中央文献出版社2020年版，第418页。

④ 习近平：《论党的宣传思想工作》，中央文献出版社2020年版，第16页。

⑤ 习近平：《论党的宣传思想工作》，中央文献出版社2020年版，第158页。

人民精神需求的“理论套餐”。习近平总书记高度重视宣讲方法的创新和应用，要求要创新贴近人民群众的宣讲方法，提出“宣讲的关键是要联系实际、研机析理、解疑释惑，努力讲全、讲透、讲实”①，要求“宣讲过程中，要紧密结合实际，回答热点难点问题，回应群众关注关切，把全会精神讲全、讲准、讲透，增强宣讲的针对性、生动性和实效性”②。习近平总书记以系统的思维、辩证的眼光要求面对不同宣讲对象采用不同的宣讲方法，要求“各地要广泛组织面向基层的对象化、分众化、互动化宣讲活动”③，要求“因人施教，因材施教，因事施教，做到多层次、广覆盖”④，推动新时代党的创新理论深入群众、深入人心，引导广大干部群众思想和行动的统一。习近平总书记多次强调要加快传统媒体和新兴媒体融合发展，指出“我们要加快推动媒体融合发展，使主流媒体具有强大传播力、引导力、影响力、公信力，形成网上网下同心圆，使全体人民在理想信念、价值理念、道德观念上紧紧团结在一起，让正能量更强劲、主旋律更高昂”⑤。

（三）关于坚持思想工作“两个巩固”的根本任务

宣传思想工作是关于解决人的思想问题的工作，必须把导向、

---

① 《学习贯彻三中全会精神中央宣讲团动员会在京召开　习近平总书记作出重要批示》，《人民日报》2013 年 11 月 20 日。

② 《学习贯彻党的十八届五中全会精神中央宣讲团动员会在京召开　习近平总书记作出重要批示》，《人民日报》2015 年 11 月 5 日。

③ 《学习贯彻党的十八届五中全会精神中央宣讲团动员会在京召开　习近平总书记作出重要批示》，《人民日报》2015 年 11 月 5 日。

④ 《学习贯彻三中全会精神中央宣讲团动员会在京召开　习近平总书记作出重要批示》，《人民日报》2013 年 11 月 20 日。

⑤ 习近平：《加快推动媒体融合发展　构建全媒体传播格局》，《求是》2019 年第 6 期。

抓根本、管长远。“坚持思想工作‘两个巩固’的根本任务”，是习近平总书记立足于世情国情党情的深刻变化，从坚持和发展中国特色社会主义的战略全局出发，对宣传思想工作根本任务最集中、最鲜明的概括，为我们开创宣传思想工作新局面确定了原则、指明了方向、提供了遵循。党的十八大以来，以习近平同志为核心的党中央围绕如何“巩固马克思主义在意识形态领域的指导地位、巩固全党全国各族人民团结奋斗的共同思想基础”作出了一系列重要指示。

1. 强调做好马克思主义的宣传教育工作

我们要赢得优势、赢得主动、赢得未来，必须在指导思想上坚定不移。要坚持马克思主义指导地位，必须做好做强马克思主义宣传教育工作，切实增强对马克思主义的政治认同、思想认同、情感认同。为此，习近平总书记指出，“马克思主义始终是我们党和国家的指导思想，是我们认识世界、把握规律、追求真理、改造世界的强大思想武器”①，“必须坚持马克思主义，牢固树立共产主义远大理想和中国特色社会主义共同理想”②，“高扬党的理论旗帜，增强‘四个意识’，坚定‘四个自信’，自觉在思想上政治上行动上同党中央保持高度一致，牢牢把握正确政治方向和舆论导向，坚持理论联系实际，锐意进取，改革创新，不断提高理论宣传水平，更好服务党和国家工作大局，为巩固马克思主义在意识形态领域的指导地位、巩固全党全国各族人民团结奋斗的共同思想基础作出新的

---

① 习近平：《论党的宣传思想工作》，中央文献出版社 2020 年版，第 327 页。
② 习近平：《论党的宣传思想工作》，中央文献出版社 2020 年版，第 5 页。

更大的贡献”①。

2. 强调培育和践行社会主义核心价值观

社会主义核心价值观是当代中国精神的集中体现，凝结着全体人民共同的价值追求。习近平总书记强调，要“巩固马克思主义在意识形态领域的指导地位，发展社会主义先进文化，加强社会主义精神文明建设，把社会主义核心价值观融入社会发展各方面，推动中华优秀传统文化创造性转化、创新性发展，不断提高人民思想觉悟、道德水平、文明素养，不断铸就中华文化新辉煌”②，“加强社会主义核心价值体系建设，积极培育和践行社会主义核心价值观，全面提高公民道德素质，培育知荣辱、讲正气、作奉献、促和谐的良好风尚”③，“培育和践行社会主义核心价值观，不断增强意识形态领域主导权和话语权”④，“继承革命文化，发展社会主义先进文化，不忘本来、吸收外来、面向未来，更好构筑中国精神、中国价值、中国力量，为人民提供精神指引”⑤，“发挥社会主义核心价值观对国民教育、精神文明创建、精神文化产品创作生产传播的引领作用，把社会主义核心价值观融入社会发展各方面，转化为人们的情感认同和行为习惯”⑥，“通过教育引导、舆论宣传、文化熏陶、实践养成、制度保障等，使社会主义核心价值观内化为人们的精神

---

① 习近平：《论党的宣传思想工作》，中央文献出版社2020年版，第250—251页。
② 习近平：《论党的宣传思想工作》，中央文献出版社2020年版，第330页。
③ 习近平：《论党的宣传思想工作》，中央文献出版社2020年版，第15页。
④ 习近平：《论党的宣传思想工作》，中央文献出版社2020年版，第5页。
⑤ 习近平：《论党的宣传思想工作》，中央文献出版社2020年版，第6页。
⑥ 习近平：《论党的宣传思想工作》，中央文献出版社2020年版，第11—12页。

追求，外化为人们的自觉行动”[①]。

3. 强调赓续中华文脉、推动中华优秀传统文化创造性转化和创新性发展

博大精深的中华优秀传统文化是我们在世界文化激荡中站稳脚跟的根基。习近平总书记指出，要“深入挖掘中华优秀传统文化蕴含的思想观念、人文精神、道德规范，结合时代要求继承创新，让中华文化展现出永久魅力和时代风采”[②]，“继承和弘扬中华优秀传统文化，努力用中华民族创造的一切精神财富来以文化人、以文育人”[③]，“要讲清楚中华优秀传统文化的历史渊源、发展脉络、基本走向，讲清楚中华文化的独特创造、价值理念、鲜明特色，增强文化自信和价值观自信。要认真汲取中华优秀传统文化的思想精华和道德精髓，大力弘扬以爱国主义为核心的民族精神和以改革创新为核心的时代精神，深入挖掘和阐发中华优秀传统文化讲仁爱、重民本、守诚信、崇正义、尚和合、求大同的时代价值，使中华优秀传统文化成为涵养社会主义核心价值观的重要源泉”[④]，“坚持全民行动、干部带头，从家庭做起，从娃娃抓起。深入挖掘中华优秀传统文化蕴含的思想观念、人文精神、道德规范，结合时代要求继承创新，让中华文化展现出永久魅力和时代风采”[⑤]。

---

① 习近平:《论党的宣传思想工作》，中央文献出版社 2020 年版，第 57 页。
② 习近平:《论党的宣传思想工作》，中央文献出版社 2020 年版，第 12 页。
③ 习近平:《论党的宣传思想工作》，中央文献出版社 2020 年版，第 56 页。
④ 习近平:《论党的宣传思想工作》，中央文献出版社 2020 年版，第 56 页。
⑤ 习近平:《论党的宣传思想工作》，中央文献出版社 2020 年版，第 12 页。

（四）关于牢牢把握正确舆论导向

社会生活既有具体的事情，又有整体的面貌。我国经济社会的主流是发展进步的，基本面是向上向善向好的，消极负面的东西只是局部性的，要坚持正面宣传为主，真实反映我国经济社会发展进步的全貌，有效发挥宣传工作的导向作用。“坚持团结稳定鼓劲、正面宣传为主，是宣传思想工作必须遵循的重要方针。”①党的十八大以来，以习近平同志为核心的党中央围绕牢牢把握正确舆论导向作出了一系列重要指示。

1. 强调坚持团结稳定鼓劲、正面宣传为主的宣传工作方针

习近平总书记站在国家和民族发展的高度上观照现实，从大局谋划宣传布局，从主流把握宣传重心，使党的宣传工作始终与时代节拍相合相应，活跃在人民群众火热的实践中。习近平总书记始终把正面宣传作为宣传工作的重中之重，指明“我们正在进行具有许多新的历史特点的伟大斗争，面临的挑战和困难前所未有，必须坚持巩固壮大主流思想舆论，弘扬主旋律，传播正能量，激发全社会团结奋进的强大力量”②，同时强调“要高度重视网上舆论斗争，加强网上正面宣传，消除生成网上舆论风暴的各种隐患”③。习近平总书记要求打好宣传工作的主动仗，加强对优秀传统文化、革命文化等主旋律的宣传教育，强调“对中国人民和中华民族的优秀文化和光荣历史，要加大正面宣传力度，通过学校教育、理论研究、历史研究、

---

① 习近平：《论党的宣传思想工作》，中央文献出版社 2020 年版，第 16 页。

② 习近平：《论党的宣传思想工作》，中央文献出版社 2020 年版，第 16 页。

③ 习近平：《论党的宣传思想工作》，中央文献出版社 2020 年版，第 24 页。

影视作品、文学作品等多种方式，加强爱国主义、集体主义、社会主义教育，引导我国人民树立和坚持正确的历史观、民族观、国家观、文化观，增强做中国人的骨气和底气”①。

2. 强调注重提高宣传工作的质量和水平，增强吸引力和感染力

正面宣传工作不是用剪刀加糨糊对现有材料的简单拼凑，而是采取多种多样、行之有效的方式对党的创新理论进行用心用情用力的宣传，确保主旋律的有效弘扬。习近平总书记始终强调宣传工作质量和水平的提升，指出进行正面宣传工作要“把握好时、度、效，增强吸引力和感染力，让群众爱听爱看、产生共鸣，充分发挥正面宣传鼓舞人、激励人的作用”②，提出“正面宣传要用心用情做，让群众爱听爱看，不能搞假大空式的宣传，不能停留在不断重复喊空洞政治口号的套话上，不能用一个模式服务不同类型的受众”③。习近平总书记要求把握宣传工作的真实性。他指出，宣传工作的“真实性容不得一丁点马虎，否则最真实的部分也会让人觉得不真实”，“要根据事实来描述事实，不能根据愿望来描述事实，同时要坚持马克思主义立场、观点、方法，搞清楚是个别真实还是总体真实”，“要从宏观上把握和反映事件或事物的全貌”。④

3. 坚持正面宣传为主与发挥监督作用相统一

“不是说只能讲正面，不能讲负面，关键是要从总体上把握好平

① 习近平：《论党的宣传思想工作》，中央文献出版社 2020 年版，第 50—51 页。
② 习近平：《论党的宣传思想工作》，中央文献出版社 2020 年版，第 16 页。
③ 习近平：《论党的宣传思想工作》，中央文献出版社 2020 年版，第 187 页。
④ 习近平：《论党的宣传思想工作》，中央文献出版社 2020 年版，第 187 页。

衡。”[①]以正面宣传为主开展宣传工作不是掩盖负面问题，不是掩耳盗铃式地对敏感复杂问题“捂盖子”，而是要采取正面宣传与针砭时弊相结合的工作策略，主动回应社会关切，直面社会负面问题。习近平总书记始终以马克思主义者的智慧、以人民领袖的担当，直面社会发展难题、真情听取人民群众的呼声，强调要“直面社会丑恶现象和阴暗面，激浊扬清，针砭时弊”，“对人民群众关心的问题、意见大反映多的问题，要积极关注报道，及时解疑释惑，引导心理预期，推动改进工作”；[②]强调“坚持团结稳定鼓劲、正面宣传为主，也不是说就当好好先生、当东郭先生、当开明绅士。对社会上存在的思想认识问题，要加强正面引导，通过摆事实、讲道理，明辨理论是非、澄清模糊认识。对重大政治原则和大是大非问题，要敢于交锋、敢于亮剑。对恶意攻击、造谣生事，要坚决回击、以正视听”[③]；强调“要主动回应社会关切，对善意的批评、意见、建议认真听取，对借机恶意攻击的坚决依法制止”[④]，“在事关大是大非和政治原则问题上，必须增强主动性、掌握主动权、打好主动仗，帮助干部群众划清是非界限、澄清模糊认识”[⑤]。

（五）关于讲好中国故事、传播好中国声音

习近平总书记强调，“要不断提升中华文化影响力，把握大势、区分对象、精准施策，主动宣介新时代中国特色社会主义思想，主

① 习近平：《论党的宣传思想工作》，中央文献出版社 2020 年版，第 188 页。
② 习近平：《论党的宣传思想工作》，中央文献出版社 2020 年版，第 188 页。
③ 习近平：《论党的宣传思想工作》，中央文献出版社 2020 年版，第 189 页。
④ 习近平：《论党的宣传思想工作》，中央文献出版社 2020 年版，第 419 页。
⑤ 习近平：《论党的宣传思想工作》，中央文献出版社 2020 年版，第 16 页。

动讲好中国共产党治国理政的故事、中国人民奋斗圆梦的故事、中国坚持和平发展合作共赢的故事，让世界更好了解中国”①。习近平总书记是讲述中国故事的高手。他在多个场合用国际社会易于接受和理解的话语和表达，将中国道路、中国制度和中国实践讲清道明。国际舞台上也因此有了更多的中国声音、中国方案和中国智慧。

1. 强调讲好中华文化故事

党的十八大以来，习近平总书记每次出访，都很好地借助自己深厚的中华文化修养，融通中外，兼论中西，向世界各国展示中华文化魅力，展示中华文化与各国文化交流互鉴的成果，让各国人民更好触摸中华文化脉搏，更好理解中国人的价值观和发展理念。2014年4月，他在比利时布鲁日欧洲学院演讲时讲道：“二千多年前，中国就出现了诸子百家的盛况，老子、孔子、墨子等思想家上究天文、下穷地理，广泛探讨人与人、人与社会、人与自然关系的真谛，提出了博大精深的思想体系。他们提出的很多理念，如孝悌忠信、礼义廉耻、仁者爱人、与人为善、天人合一、道法自然、自强不息等，至今仍然深深影响着中国人的生活。中国人看待世界、看待社会、看待人生，有自己独特的价值体系。”② 这样的演说，既展示了中华优秀文化的精髓和魅力，也表达了中国人思考和做事的逻辑原理。

2. 强调讲好中国道路故事

世界上没有固定的发展道路和发展模式可供选择，立足自己的

① 习近平：《论党的宣传思想工作》，中央文献出版社2020年版，第342页。
② 《习近平外交演讲集》第1卷，中央文献出版社2022年版，第125页。

国情，走适合本国实际的发展道路才是正确的选择。在对外宣传中，最难的事情莫过于让世界理解中国的社会主义民主政治。2014 年 9 月，习近平总书记分别在庆祝全国人民代表大会成立 60 周年大会和中国人民政治协商会议成立 65 周年大会上的讲话中，花了很大篇幅阐述中国特色社会主义政治发展道路、中国特色社会主义政治制度、中国特色社会主义协商民主的来龙去脉、科学内涵、基本特征，目的就是要让人们更加深入了解中国特色社会主义民主政治。他揭示出民主的真谛："在中国社会主义制度下，有事好商量，众人的事情由众人商量，找到全社会意愿和要求的最大公约数，是人民民主的真谛。"[①]2014 年 11 月 11 日晚，习近平总书记在与时任美国总统奥巴马会晤时，特意阐述了中国式民主：我们讲究的民主未必仅仅体现在"一人一票"直选上。我们在追求民意方面，不仅不比西方国家少，甚至还要更多。西方某个政党往往是某个阶层或某个方面的代表，而我们必须代表全体人民。为此，我们要有广泛的民主协商过程，而且要几上几下。这些推心置腹的坦诚交谈，对于让世界了解中国，特别是了解中国特色社会主义，产生了巨大的示范效应。

3. 强调讲好文明交融故事

文明因交流而多彩，文明因互鉴而丰富。文明交流互鉴，是推动人类文明进步和世界和平发展的重要动力。习近平总书记在华盛顿州当地政府和美国友好团体联合欢迎宴会上的演讲中说："中国人民一向钦佩美国人民的进取精神和创造精神。我青年时代就读过

---

① 习近平：《在庆祝中国人民政治协商会议成立 65 周年大会上的讲话》，人民出版社 2014 年版，第 13 页。

《联邦党人文集》、托马斯·潘恩的《常识》等著作，也喜欢了解华盛顿、林肯、罗斯福等美国政治家的生平和思想，我还读过梭罗、惠特曼、马克·吐温、杰克·伦敦等人的作品。”[①]习近平总书记在阿拉伯国家联盟总部演讲时指出：“中华文明与阿拉伯文明各成体系、各具特色，但都包含有人类发展进步所积淀的共同理念和共同追求，都重视中道平和、忠恕宽容、自我约束等价值观念。”[②]这样的演讲，提供了根本遵循和根本方法立足文化的相似点和文明的共通点，突出了文明交流互鉴的重要性。

4. 强调讲好和平发展故事

中国发展起来了怎么办？这是世界关注中国的焦点。因此，向世界讲好中国故事，必须讲好和平发展故事，阐释好中国走和平发展道路的历史渊源和文化基因、中国关于和平与发展的系列主张，对世界关注的中国走向进行回应。2014 年 3 月，在德国科尔伯基金会的演讲中，习近平总书记向世界讲述了中国近代以来遭受的苦难，此后也在多个场合对此进行过讲述。2014 年 4 月，习近平总书记在比利时布鲁日欧洲学院的演讲中指出：“中国人民经过逾百年前赴后继的不屈抗争，付出几千万人伤亡的巨大牺牲，终于掌握了自己的命运。中国人民对被侵略、被奴役的历史记忆犹新，尤其珍惜今天的生活。中国人民希望和平、反对战争，所以始终奉行独立自主的和平外交政策，坚持不干涉别国内政、也不允许别人干涉中国内政。我们过去一直是这样做的，今后也会这样做下去。”[③]2017 年 1 月，

① 《习近平在对美国进行国事访问时的讲话》，人民出版社 2015 年版，第 22 页。
② 《习近平外交演讲集》第 1 卷，中央文献出版社 2022 年版，第 379 页。
③ 《习近平外交演讲集》第 1 卷，中央文献出版社 2022 年版，第 126 页。

习近平总书记在联合国日内瓦总部的演讲中指出："国家和，则世界安；国家斗，则世界乱。从公元前的伯罗奔尼撒战争到两次世界大战，再到延续四十余年的冷战，教训惨痛而深刻。"[①]这样，就从自身历史体认和世界历史比较的角度阐释了中国选择和平发展的理由。

（六）关于营造风清气正的网络空间

"人在哪儿，宣传思想工作的重点就在哪儿，网络空间已经成为人们生产生活的新空间，那就也应该成为我们党凝聚共识的新空间。"[②]网络空间已成为亿万人民群众的精神家园，坚持把握正确舆论导向，坚持营造风清气正的网络空间是开展新时代理论宣讲的重要举措。党的十八大以来，以习近平同志为核心的党中央重视互联网、发展互联网、治理互联网，作出一系列重大决策、实施一系列重大举措，推动我国网信事业取得历史性成就，走出一条中国特色治网之道。习近平总书记围绕网络强国建设发表一系列重要论述，提出一系列新思想新观点新论断，为开展网上理论宣传宣讲工作提供了根本遵循。

1. 强调要让主旋律占领互联网阵地

随着互联网迅速发展，包括新媒体从业人员和网络"意见领袖"在内的网络人士大量涌现。"搭台""唱戏"等经营网络、网上发声的群体日益壮大，左右互联网的议题，有着不可小觑的能量。习近平总书记全面把握新时代宣传工作形势，致力于把网络人群的

① 《习近平著作选读》第 1 卷，人民出版社 2023 年版，第 565 页。
② 习近平：《论党的宣传思想工作》，中央文献出版社 2020 年版，第 355 页。

空发议论转化为正确参加议政建言活动，提出“互联网是当前宣传思想工作的主阵地。这个阵地我们不去占领，人家就会去占领；这部分人我们不去团结，人家就会去拉拢。要把这些人中的代表性人士纳入统战工作视野，建立经常性联系渠道，加强线上互动、线下沟通，引导其政治观点，增进其政治认同”①，要求“要在这个领域培养一支党外代表人士队伍，让他们在净化网络空间、弘扬主旋律、维护意识形态安全等方面展现正能量”②，强调“要旗帜鲜明坚持正确的政治方向、舆论导向、价值取向。在信息生产领域，也要进行供给侧结构性改革，通过理念、内容、形式、方法、手段等创新，使正面宣传质量和水平有一个明显提高”③。

2. 强调对网络舆论要有正确研判、及时回应

习近平总书记关注对网络舆论的正确研判，对不同类型问题采取不同的解决方式，强调“要加强舆情跟踪研判，主动发声、正面引导，强化融合传播和交流互动，让正能量始终充盈网络空间”④，强调“争取人心，要区别不同问题、采取不同方法”⑤，“要区分政治问题、思想认识问题、学术问题，这在网上也是适用的。属于学术问题的，要坚持百花齐放、百家争鸣，积极加以引导；属于思想认识问题的，要积极教育转化、团结争取；属于政治问题的，就要严格加以约束，开展必要的斗争。既不能把网上政治

① 《习近平关于网络强国论述摘编》，中央文献出版社 2021 年版，第 65 页。
② 《习近平关于网络强国论述摘编》，中央文献出版社 2021 年版，第 65 页。
③ 习近平：《论党的宣传思想工作》，中央文献出版社 2020 年版，第 356 页。
④ 习近平：《论党的宣传思想工作》，中央文献出版社 2020 年版，第 417 页。
⑤ 《习近平关于网络强国论述摘编》，中央文献出版社 2021 年版，第 78 页。

问题当成一般问题，缺乏政治敏感性和政治警觉性，反应迟钝、应付消极；也不能把一般问题政治化，把舆情当敌情，简单粗暴、一删了之”①，强调“要把握好时度效，更好凝聚社会共识。对网上热点问题，要线上线下共同发力。对思想认识问题，要解疑释惑，及时引导；对建设性意见和建议，要认真研究，及时吸纳；对合理的困难和诉求，要想方设法帮助解决；对需要长期解决的问题，要做好解释工作，争取群众理解”②。

3. 强调加强网络空间治理，营造风清气正的网络空间

习近平总书记高度关注网络空间治理，强调“没有规矩不成方圆。无论什么形式的媒体，无论网上还是网下，无论大屏还是小屏，都没有法外之地、舆论飞地。主管部门要履行好监管责任，依法加强新兴媒体管理，使我们的网络空间更加清朗”③，强调“要高度重视网上舆论斗争，加强网上正面宣传，消除生成网上舆论风暴的各种隐患。要更加积极主动开展对外宣传，把我国的发展道路、发展理念、发展方式宣传好，把我国发展为世界发展所作的贡献宣传好，批驳各种针对我国的无端质疑和不实攻击，为国内营造良好舆论环境提供有力支持”④，强调“互联网新技术新应用不断发展，使互联网的社会动员功能日益增强。要传播正能量，提升传播力和引导力。要严密防范网络犯罪特别是新型网络犯罪，维护人民群众利益和社会和谐稳定。要发挥网络传播互动、体验、分享的优势，听民意、

① 《习近平关于网络强国论述摘编》，中央文献出版社 2021 年版，第 78—79 页。
② 《习近平关于网络强国论述摘编》，中央文献出版社 2021 年版，第 76 页。
③ 习近平：《论党的宣传思想工作》，中央文献出版社 2020 年版，第 356 页。
④ 习近平：《论党的宣传思想工作》，中央文献出版社 2020 年版，第 24 页。

惠民生、解民忧，凝聚社会共识。网上网下要同心聚力、齐抓共管，形成共同防范社会风险、共同构筑同心圆的良好局面”①。

历史回溯

“真”“情”“实”“意”四字要求

2004年12月23日，时任浙江省委书记的习近平同志出席浙江省社科联第五次代表大会，对社科联组织和社会科学工作者提出“真”“情”“实”“意”的四字要求，强调坚持马克思主义指导地位的立场（真）、坚持对哲学社会科学工作充满激情的态度（情）、坚持理论联系实际的方法（实）和树立精品意识的导向（意）。“真”“情”“实”“意”这四字箴言与党的十八大以来习近平总书记关于构建中国特色哲学社会科学的重要论述一脉相承、高度契合，为做好新时代理论宣讲工作提供了根本遵循和行动指南。

① 《习近平关于网络强国论述摘编》，中央文献出版社2021年版，第73页。

二

思想火炬耀征程

——什么是新时代理论宣讲工作？

习近平总书记在党的二十大报告中指出：“用党的创新理论武装全党是党的思想建设的根本任务。”① 自中国共产党成立以来，理论宣传宣讲就一直是党的重要任务之一。随着中国特色社会主义进入新时代，党的理论宣讲工作也紧密结合世情国情党情和时代特征不断与时俱进。新时代理论宣讲工作，是指通过各种途径和形式向广大党员干部群众宣传党的理论和路线方针政策、普及国家法律法规、传播社会主义核心价值观等，充分展现党的创新理论直抵人心的力量，达到统一思想、凝聚力量、振奋人心、鼓舞士气的效果。新时代理论宣讲工作在党的领导下，统筹各类宣讲资源，广泛开展各种宣讲活动，有力推动了党的

① 习近平：《高举中国特色社会主义伟大旗帜　为全面建设社会主义现代化国家而团结奋斗——在中国共产党第二十次全国代表大会上的报告》，人民出版社 2022 年版，第 65 页。

山东省乳山市依托马石山十勇士、胶东红色乳娘等红色资源，选拔优秀巾帼宣讲人才，成立新时代“红色乳娘”宣讲团，紧扣时代脉搏，紧贴群众生活，持续开展“巾帼大宣讲”活动。图为该宣讲团走进山东大学讲述红色乳娘的大爱故事

创新理论的宣传普及。当前，理论宣讲工作面临新形势新变化，要求我们深刻把握新的时代特点、社会变化和人民需要，不断改进工作思维方式和宣讲方法手段，助力推动党的理论“飞入寻常百姓家”。

（一）理论宣讲工作贯穿于党百年奋斗历程

“历史发展有其规律，但人在其中不是完全消极被动的。只要把握住历史发展大势，抓住历史变革时机，奋发有为，锐意进取，人类社会就能更好前进。”① 纵观我们党的百年历史，无论是党的诞生，还是历史路口的艰难抉择，或是立于复兴伟业的时代潮头，宣传思

① 习近平：《在庆祝改革开放40周年大会上的讲话》，人民出版社2018年版，第3—4页。

想工作始终贯穿于党的事业发展的各个方面，顺应历史大势，与时代发展同频共振。特别是党的十八大以来，以习近平同志为核心的党中央把宣传思想工作摆在更加突出、更加重要的位置，习近平总书记作出一系列重大决策、实施一系列重大举措，党的理论创新全面推进，社会主义核心价值观广泛弘扬，主流思想舆论不断巩固壮大，文化自信得到充分彰显，国家文化软实力和中华文化影响力大幅提升，全党全社会思想得到了高度统一。

1. 追溯过往，探寻宣讲根脉

五四运动时期，中国共产党虽尚未成立，但理论宣讲已进入萌芽阶段。1919 年，由邓中夏发起的平民教育讲演团在北京成立。1920 年，由李大钊发起的北京共产主义小组成立后，也将讲演团设为自己的外围机关。到 1921 年，全国共有讲演所 1881 处，巡行宣讲团 90 余个。宣传讲演活动是早期中国共产党人进行理论宣讲的开始，尽管其探索是初步的、粗线条的、不系统的，却让理论宣讲工作成为党的重要任务之一，成为党的思想路线和政治路线的重要体现。中国共产党自 1921 年正式成立，此后一直保持对理论宣讲工作的高度重视，先后创办了劳动补习学校、农民运动讲习所等宣讲阵地，开展了不同主题的宣讲教育，推动理论宣讲逐渐向更高、更深、更广的方向发展。在党的百年奋斗历程中，理论宣讲工作始终扮演着重要角色，它不仅是党的思想理论建设的重要组成部分，也是党发展壮大的重要支撑。中国特色社会主义进入新时代，中华民族伟大复兴进入不可逆转的历史进程，理论宣讲工作不仅是重要的，更是关键的，它关系到党的未来发展方向，关系到国家和人民的未来，是一项必须做好的工作。

2. 鉴往今来，强化思想建设

中国共产党自成立以来，思想理论建设就在党的建设总体布局中居于基础地位，是党的先进性和纯洁性的重要保障。在革命、建设、改革的伟大实践中，我们党不断推进思想理论建设，坚持用马克思主义中国化时代化最新成果引领中华民族伟大复兴。从新民主主义革命时期“注重从思想上建党”的提出，到社会主义建设时期“思想政治工作是一切工作的生命线”的强调，再到新时代以来“全面推进党的建设六大系统工程”的明确，百余年的历史进程中思想建党、理论强党成为中国共产党的优良传统和独特优势。党的十八大以来，理论武装走深走实的任务更加紧迫，中国共产党人将理论学习教育和宣传宣讲作为党的思想理论建设的重要方式，紧抓党的群众路线教育实践活动、“三严三实”专题教育、“两学一做”学习教育、“不忘初心、牢记使命”主题教育、党史学习教育、学习贯彻习近平新时代中国特色社会主义思想主题教育等重要契机，将党的思想理论传递给广大党员干部群众，引导他们在实践中不断加深对马克思主义中国化时代化最新成果的理解，引领他们紧跟时代的需要，用科学的理论武装头脑，在思想上行动上同党中央保持高度一致。中国共产党人还将理论宣传宣讲作为理论创新的重要途径，在宣传宣讲中及时传递并执行党的号召，准确反映和回应时代的要求，推进党的最新理论成果入脑入心、见行见效，实现理论创新的与时俱进，确保理论之树常青。

3. 明理笃行，筑牢安全防线

意识形态安全是国家和人民安全的重要组成部分，中国共产党自成立以来，在维护和加强意识形态安全建设方面进行了艰苦卓绝的斗争与探索，在总结正反两方面的经验教训中，得到诸多有益于加强新时代意识形态安全建设的启示。其中坚持理论宣讲工作就是在百余年的实践中总结出的一条关于党的意识形态安全建设的重要经验。在社会主义革命和建设时期，以毛泽东同志为主要代表的中国共产党人带领全国人民积极进行各种理论宣讲工作，如土改工作队员深入农村宣讲党的土地政策、文艺工作人员围绕抗美援朝进行宣传鼓动等，为新生政权的巩固、国民经济的恢复和社会主义改造打下了坚实的思想基础和群众基础。在改革开放和社会主义现代化建设新时期，党中央根据马克思主义基本原理，结合中国的实际情况，强调意识形态安全的重要性，开展了更为丰富多样的理论宣讲工作，如围绕社会主义精神文明建设开展“五讲四美三热爱”“全民文明礼貌月”等系列宣讲活动，开启了理论宣讲工作的新篇章。中国特色社会主义进入新时代，面对百年未有之大变局，在复杂的国际形势下，国内外敌对势力对我国意识形态安全构成了严重威胁。因此，理论宣讲也有一个安全底线要求，就是无论哪种宣讲方式，都要坚持平实务实、精准精确，力戒照本宣科、不求甚解，工作中要把握好时度效，坚决杜绝“低级红”“高级黑”，坚定维护国家政权安全、制度安全、意识形态安全。

4. 有章可循，筑牢坚实支撑

理论宣讲工作是马克思主义政党自身建设的基本内容，是马克思主义理论与人民群众理论需求间的桥梁，是中国共产党用马克思主义和中国特色社会主义掌握群众的重要着力点，逐渐成为我们党发展壮大的有力思想理论武器。与此同时，中国共产党作为最广大人民根本利益的代表者，始终将满足人民群众对先进思想理论的现实需要作为开展理论宣讲工作的出发点和落脚点，有效回应人民群众对社会热点问题的关注，真实地感知人民群众对美好生活的向往。理论宣讲成为我们党宣传群众、教育群众、引领群众特有的政治优势和鲜明底色。无论是在条件艰苦的革命战争时期，还是在社会主义现代化发展的新时代，理论宣讲工作始终紧紧围绕着党的大政方针展开，始终将党的政策主张作为理论宣讲的重要内容。在 100 多年来的发展历程中，虽然不同历史阶段中理论宣讲工作在内容、形式、范围、对象等方面呈现出不同的时代特征，但无论何时、无论何处党开展的各项理论宣讲工作都极大增强了党员干部群众的思想认同，增强了党的凝聚力和向心力，不断推动了党的发展壮大。进入新时代，无论是党的建设还是社会发展都面临新的战略机遇和风险挑战，理论宣讲工作更是需要发挥其重要作用，为统一思想、凝聚共识、促进发展贡献力量。

文献阅读

整顿党的作风（节选）

（一九四二年二月一日）

除了对于“理论家”和“知识分子”存在着糊涂观念而外，还有天天念的一句“理论和实际联系”，在许多同志中间也是一个糊涂观念。他们天天讲“联系”，实际上却是讲“隔离”，因为他们并不去联系。马克思列宁主义理论和中国革命实际，怎样互相联系呢？拿一句通俗的话来讲，就是“有的放矢”。“矢”就是箭，“的”就是靶，放箭要对准靶。马克思列宁主义和中国革命的关系，就是箭和靶的关系。有些同志却在那里“无的放矢”，乱放一通，这样的人就容易把革命弄坏。有些同志则仅仅把箭拿在手里搓来搓去，连声赞曰：“好箭！好箭！”却老是不愿意放出去。这样的人就是古董鉴赏家，几乎和革命不发生关系。马克思列宁主义之箭，必须用了去射中国革命之的。这个问题不讲明白，我们党的理论水平永远不会提高，中国革命也永远不会胜利。

我们的同志必须明白，我们学马克思列宁主义不是为着好看，也不是因为它有什么神秘，只是因为它是领导无产阶级革命事业走向胜利的科学。直到现在，还有不少的人，把马克思列宁主义书本上的某些个别字句看作现成的灵丹圣药，似乎只要得了它，就可以不费气力地包医百病。这是一种幼稚者的蒙昧，我们对这些人应该作启蒙运动。那些将马克思列宁主义当宗教教条看待的人，就是这种蒙昧无知的人。对于这种人，应该老实地对他说，你的教条一点什么用处也没有。马克思、恩格斯、列宁、斯大林曾经反复地讲，我们的学说不是教条而是行动的指南。

——《毛泽东选集》第3卷，人民出版社
1991年版，第819—820页

（二）新时代理论宣讲工作的突出特点

宣传群众、发动群众、凝聚群众、鼓舞群众，是我们党的优良传统和政治优势。进入新时代，理论宣讲工作发展面临全新的机遇和挑战。我们既要充分汲取党的历史上理论宣讲工作的开展经验，更要立足于新时代的新形势新任务新情况，始终坚持从实际出发，全面掌握新时代理论宣讲工作的突出特点，才能不断促进理论宣讲工作再上新台阶。

1. 党性与人民性相统一

坚持党性与人民性相统一是党的理论宣讲工作最鲜亮的底色。旗帜鲜明讲政治是我们党作为马克思主义政党的根本要求，中国共产党从不讳言自己的政治主张。党的理论宣讲工作始终是紧紧围绕党的创新理论和大政方针展开的，党的政策、党的主张始终是理论宣讲的重要内容。只有坚持党性与人民性相统一，才能充分发挥理论宣讲工作在统一思想、凝聚共识、整合力量、教育人民、推动发展等方面的重要作用，才能展现出理论宣讲工作的独特魅力与价值。

一方面，党的理论宣讲工作必须牢牢把握以鲜明的党性原则为政治导向。中国共产党是无产阶级政党，党的一切工作都集中体现着无产阶级政党的意志与要求，鲜明的党性原则贯穿理论宣讲工作的始终。在理论宣讲工作中始终坚持党性原则主要包括：一是始终坚持党对理论宣讲工作的绝对领导，无论是在思想方面、政治方面还是在组织方面都必须无条件服从党的领导，要在党的领导下科学地向广大人民群众宣讲普及马克思主义基本原理和党的最新理论、路线、方针、政策；二是理论宣讲工作必须无条件地为党的事业服务，宣讲工作的内容必须紧紧围绕特定历史阶段党的中心工作开展，坚持围绕中心、服务大局的基本职责，充分统筹协调各方面资源要素，充分发挥理论宣讲工作在统一思想、凝聚共识等方面的重要作用，更好地为党和人民的事业服务。

另一方面，党的理论宣讲工作必须始终坚持为人民服务的宗旨和原则。理论宣讲工作的根本是用马克思主义科学理论武装人民群众思想，牢固树立为人民服务的宗旨和原则是党的理论宣讲工作有效开展的必然前提。在理论宣讲工作中始终坚持人民性原则主要包括：一是坚持把人民群众的现实理论需求作为开展理论宣讲工作的出发点和落脚点，宣讲的内容必须聚焦群众的“急难愁盼”，宣讲的语言必须贴合群众的实际生活，宣讲的形式必须为群众所喜闻乐见，理论宣讲工作必须从根本上反映广大人民群众的美好愿望和利益诉求；二是在宣讲过程中要准确把握宣讲对象的差异性，将党的理论、路线、方针、政策与人民群众对美好生活的向往相结合，积极引导广大干部群众为共产主义远大理想和中国特色社会主义共同理想不懈奋斗，为全面建设社会主义现代化国家提供坚强的思想保证和强大的精神力量。

2. 继承性与创新性相贯通

坚持继承性与创新性相贯通，是党的理论宣讲工作一脉相承又历久弥新的活力所在。对党的理论宣讲工作而言，既没有古今一辙的宣讲内容，也没有经久不变的宣讲策略，每个历史发展阶段党的理论宣讲工作在主题、内容、策略、形式等方面都具有其独特的时代特征。坚持继承性与创新性相贯通，要求我们既要坚持发扬好以往的经验做法，又要结合新的形势任务不断推陈出新，赋予理论宣讲工作新的时代内涵。宣讲工作坚持继承性，就是要始终坚持马克思主义的指导、紧紧围绕党的理论和路线方针政策、时刻与人民群众相呼应。而坚持创新性，则是要求宣讲工作要不断在实践中与时俱进，在新的时代背景下开拓创新，始终保持强大的生机与活力。只有始终坚持继承性与创新性相贯通，才能在守正的基础上实现党的理论宣讲工作的创新性发展。

一方面，党的理论宣讲工作要牢牢把握“守正为本”，在宣讲工作中充分地总结和汲取好做法、好经验。党的理论宣讲经历了以

“革命”为主题的起步期、以“建设”为主题的发展期、以“改革”为主题的转型期、以“强国”为主题的新时代等发展阶段，积累了许多的宝贵经验，这些经验为今后开展理论宣讲工作提供了有益借鉴和保障。牢牢把握“守正为本”，一是积极主动总结党在各个历史发展阶段理论宣讲工作的有益经验，结合实际情况辩证地吸收借鉴，用以指导现实的理论宣讲工作；二是深刻反思特定历史时期党的理论宣讲工作存在的问题不足，立足当前的时代背景，将以往的教训转化为推动理论宣讲工作前进的经验。

另一方面，做好党的理论宣讲工作必须坚持“创新为要”，持续赋予理论宣讲工作新的时代内容。党的理论宣讲历史经验表明，与时代相脱离的理论宣讲工作往往会产生过犹不及的效果。只有紧跟时代步伐，坚持在守正的基础上不断创新，才能使党的宣讲工作在新的历史发展阶段发挥更大作用。在宣讲工作中坚持“创新为要”，一是要结合新时代的新形势新要求不断健全完善顶层设计，加强理论宣讲工作的制度创新；二是要充分吸收时代发展成就，加强理论宣讲工作的内容创新；三是要紧跟时代变革，加强理论宣讲工作的形式创新；四是要注重时代话语在宣讲工作中的应用，不断提升宣讲技巧和水平，加强宣讲队伍的创新能力建设。

3. 政治性与科学性相结合

坚持政治性与科学性相结合是党的理论宣讲工作不断向前发展的内驱动力。宣讲工作是政治工作，坚持正确的政治方向始终是第一位的。站稳政治立场不仅决定着“为谁讲”“谁来讲”“对谁讲”“怎么讲”的宣讲内容、对象与策略，更是制约宣讲工作实效性的重要因素。只有始终站在党和人民的根本立场上，才能充分发挥理论宣讲引导群众、说服群众、教育群众的重要作用。同样，只有科学准确把握宣讲规律，掌握科学的宣讲方式方法，以科学的宣讲策略向广大党员干部群众讲清楚党的理论和路线方针政策，才能做到以事明理、以理服人。

一方面，党的理论宣讲工作必须始终坚持鲜明的无产阶级政治立场。中国共产党理论宣讲工作的实践表明，与党和人民群众的立场相违背的、不能代表人民群众利益诉求的宣讲工作，是注定无法被广大人民群众接受的。坚定政治立场，一是必须以宣扬马克思主义科学理论作为宣讲的主要内容，用马克思主义真理说服群众、教育群众，将马克思主义的立场、观点、方法贯穿理论宣讲工作的全过程；二是必须充分发挥理论宣讲作为党的喉舌的重要作用，围绕习近平新时代中国特色社会主义思想和党中央重大决策部署积极开展宣讲实践活动，将党的意志与主张送到人民群众的身边；三是必须从广大人民群众的根本立场出发，用人民群众喜闻乐见的宣讲方式，切实回应好人民群众关心的热点问题。

另一方面，党的理论宣讲工作必须准确地把握科学规律，坚持实事求是，做到以事明理、以理服人。毛泽东同志指出，“企图用行政命令的方法，用强制的方法解决思想问题，是非问题，不但没有效力，而且是有害的”，“只能用讨论的方法、批评的方法、说服教育的方法去解决，而不能用强制的、压服的方法去解决”。[①] 在党的宣讲工作中政治性与科学性是辩证统一的，既要把握正确的政治方向，又要注重发挥科学规律在提升理论宣讲工作实效性方面的重要作用。一是坚持在实事求是的基础上科学地实施宣讲策略，组织

① 《毛泽东同志论党的作风和党的组织》，人民出版社 1984 年版，第 127 页。

开展宣讲活动；二是坚持唯物辩证法的科学性渗透，有针对性地创新宣讲方式方法，用人民群众喜闻乐见的方式开展丰富多彩的宣讲活动。

4. 组织性与纪律性相一致

坚持组织性与纪律性相一致是党的理论宣讲工作有序开展的根本要求。搞好理论宣讲，是各级党委宣传部、讲师团的主责主业，党的理论宣讲从中央到基层都要根据党的决策部署，结合各地区的实际情况，结合党员干部和群众的实际需求，有组织、有计划地对各个层次的党员干部和群众进行宣讲。各级各类宣讲团要开展组织化、制度化、专业化的理论宣讲，确保党的创新理论入脑入心、党的各项政策部署落到实处。同时，党的理论宣讲是代表党发声的特殊政治行为，必须严格遵守党的政治纪律和党关于宣传工作的各项规定，要对宣讲内容进行政治把关，使宣讲始终能够准确阐释党的基本态度和主张，保持其政治的严肃性和权威性。

一方面，党的理论宣讲工作要准确把握时代需要，精心组织开展各类宣传宣讲活动。一是根据中央统一部署和形势任务的要求，组织实施重大主题宣讲活动，组建宣讲队伍、制订宣讲计划、编写宣讲提纲、组织集体备课、培训宣讲骨干，集中宣讲党的理论和路线方针政策，集中宣讲党中央重大工作部署，集中宣讲党中央关于形势的重大分析判断，引导党员干部群众把思想和行动统一到党中央精神上来；二是坚持深入基层一线，组织开展基层理论宣讲活动，结合各地经济社会发展实际，结合基层群众对美好生活的需要，针对人们普遍关心的热点难点问题，面对面地开展经常性的理论和形势政策宣讲活动，采取形式多样、生动活泼的宣讲方式，把讲理论、

中央宣讲团在各地宣讲党的二十大精神

讲政策、讲故事结合起来，把专家学者讲、领导干部讲和百姓自己讲结合起来，推动党的理论创新成果进企业、进学校、进机关、进农村、进社区、进军营、进网络，着力打通理论武装的“最后一公里”。

另一方面，党的理论宣讲工作必须强化纪律意识，在组织“讲”的同时，做好“管”的文章。一是管好方向。不断增强政治意识、大局意识、责任意识，始终坚持正确的政治方向，牢牢把握理论宣讲的导向，严守政治纪律、宣传纪律，对错误思想观点要旗帜鲜明地亮剑、回击。同时，讲究政策策略，注意方式方法，决不人为炒作，授人以柄。二是管好队伍。要整合资源力量，建立宣讲专家库，广泛吸收政治素质好、理论水平高、宣讲能力强的党政领导、专家学者和实际工作者，形成一支专兼职结合、权威性较高的宣讲队伍。要通过组织学习考察、实践锻炼、集中培训等方式，加强基层宣讲队伍建设，培养一批熟悉政策、扎根群众、联系群众的基层宣讲骨干，树立宣讲者“党的代言人”的良好形象。三是管好阵地。加强对传统和新兴媒体理论宣传阵地的引导，强化对各种报告会、研讨会、论坛、讲坛的管理，及时跟踪网络舆情，不给任何错误思想提供生存传播空间。

5. 理论性与实践性相融合

坚持理论性与实践性相融合，是党的理论宣讲工作在理论联系实际的基础上不断向前发展的重要保障。党的理论宣讲工作的发展历程表明，只有将马克思主义科学理论与中国革命、建设、改革的具体实践相结合，坚持理论联系实际，才能充分发挥党的理论宣讲工作用马克思主义科学理论武装全党、教育人民的重要作用，才能在实践中不断推动宣讲工作向前发展。如果脱离了马克思主义和党的理论指导，党的宣讲工作就会变得盲目和无所适从；如果脱离了具体的宣讲实践活动，马克思主义科学理论就无法发挥指导宣讲实践的重要作用，从而变成书斋中的学问。党的理论宣讲工作正是这样一个理论联系实际的过程，只有坚持理论性与实践性相融合，党的理论宣讲工作才能与时俱进、不断向前发展。

一方面，党的理论宣讲工作必须毫不动摇坚持马克思主义科学理论的指导地位。在党的理论宣讲工作发展过程中，马克思主义既是我们党开展理论宣讲工作的行动指南，又是宣讲工作中的重要内容。在党的理论宣讲工作中坚持马克思主义科学理论的指导地位，一是在宣讲过程中毫不动摇地坚持和宣扬马克思主义基本理论，既要坚持马克思主义科学理论对我们党开展理论宣讲工作的指导地位，又要坚持在具体的宣讲实践活动中不断宣扬马克思主义；二是要毫不动摇地坚持马克思主义中国化时代化最新理论成果，特别是习近平新时代中国特色社会主义思想在理论宣讲工作中的指导地位，并通过具体的宣讲实践将习近平新时代中国特色社会主义思想送到人民群众的身边。

另一方面，党的理论宣讲工作必须毫不动摇坚持宣讲实践活动的价值导向作用。党的理论宣讲工作具有天然的实践性指向，既要通过具体的宣讲实践活动展开，又要在具体的宣讲实践活动中不断发展。在党的宣讲工作中坚持实践的价值导向作用，一是要坚持在广泛宣讲实践活动中积蓄经验、总结教训，不断在宣讲实践中推进党的理论宣讲工作前进发展；二是着眼新时代中国特色社会主义事业发展需要，积极宣讲党的理论和路线方针政策，广泛开展形势政策教育，不断提高人民群众的思想觉悟，不断增强党员干部群众贯彻落实的自觉性和坚定性。

历史回溯

“讲农民一听就懂的话”

毛泽东指出：“我们是革命党，是为群众办事的，如果也不学群众的语言，那就办不好。”在湖南农民运动时期，针对中国农民文化程度普遍较低，文盲和半文盲占绝大多数的实际，毛泽东提出夜校讲课一定要通俗易懂，讲农民一听就懂的话。如讲打倒帝国主义就说“打倒洋财东”，在阐述群众路线时，讲道“我们共产党人好比种子，人民好比土地。我们到了一个地方，就要同那里的人民结合起来，在人民中间生根、开花”。这些针对工农特点的极其鲜明而朴实的语言，很容易为工人、农民所接受，也有效地传播了革命思想。

毛泽东注重把通俗易懂的群众语言融入马克思主义的观点。他逐字逐句修改陈正人起草的《施政大纲》，把“废除聘金聘礼，反对买卖婚姻”改成“讨老婆不要钱”，把“废除债务”改成“借了土豪的钱不要还”。当年，正是这种带烟火气的大白话，把革命的道理和思想播撒四方。

不仅如此，毛泽东还充分运用历史典故、寓言和神话来阐述革命理论、宣传革命思想。如《中国革命战争的战略问题》拿“曹刿论战”的故事说明怎样以弱胜强;《将革命进行到底》利用古希腊“农夫和蛇”的寓言表达不能让革命半途而废的决心;《矛盾论》中用《山海经》的“夸父追日”、《淮南子》的“羿射九日”、《西游记》的孙悟空七十二变和《聊斋志异》中鬼狐变人的故事，说明“无数复杂的现实矛盾的互相变化对于人们所引起的一种幼稚的、想象的、主观幻想的变化，并不是具体的矛盾所表现出来的具体的变化”，而“科学地反映现实变化的同一性”才是“马克思主义辩证法”的深奥道理。

毛泽东善用群众语言宣传革命思想的做法启示我们，无论深奥的政治理论还是深远的革命主张，都要适应群众的认知水平和语言习惯，在理论通俗化、语言群众化、形式多样化、载体时代化上下功夫。

——王厚明:《从群众语言中汲取养分——伟人毛泽东的语言艺术》,《解放军报》2020年12月26日

(三)新时代理论宣讲工作的使命任务

新时代的理论宣讲工作，从我们党百年奋斗历程中的理论宣讲

工作传承而来，既有厚重的历史底色，也有新生的基本特点，更有新时代所赋予的使命任务。当前，世界百年未有之大变局加速演进，中华民族伟大复兴进入关键时期，战略机遇和风险挑战并存，党的二十大擘画了以中国式现代化全面推进中华民族伟大复兴的宏伟蓝图，在带领全国人民团结奋斗的新时代探索中，用新时代党的创新理论统一思想、凝聚共识极为重要，这就对新时代理论宣讲工作提出了更高的要求，赋予了新的使命任务。习近平总书记在全国宣传思想工作会议上强调："做好新形势下宣传思想工作，必须自觉承担起举旗帜、聚民心、育新人、兴文化、展形象的使命任务。"①

1. 举旗帜

"举旗帜，就是要高举马克思主义、中国特色社会主义的旗帜，坚持不懈用新时代中国特色社会主义思想武装全党、教育人民、推动工作，在学懂弄通做实上下功夫，推动当代中国马克思主义、二十一世纪马克思主义深入人心、落地生根。"②旗帜的问题，事关道路和方向，事关国家和人民的前途命运。党的十八大以来，宣传思想文化工作之所以取得历史性成就，最根本就在于有习近平总书记掌舵领航，有习近平新时代中国特色社会主义思想科学指引。2023年10月召开的全国宣传思想文化工作会议指出，习近平总书记在新时代文化建设方面的新思想新观点新论断，内涵十分丰富、论述极为深刻，是新时代党领导文化建设实践经验的理论总结，丰富和

---

① 习近平：《论党的宣传思想工作》，中央文献出版社2020年版，第339页。
② 习近平：《论党的宣传思想工作》，中央文献出版社2020年版，第339页。

发展了马克思主义文化理论，构成了习近平新时代中国特色社会主义思想的文化篇，形成了习近平文化思想。这一重要思想同时是新时代理论宣讲工作的强大思想武器和科学行动指南。我们要坚持用习近平文化思想统领包括理论宣讲工作在内的宣传思想文化工作，聚焦用党的创新理论武装全党、教育人民这一首要政治任务，在学懂弄通做实上下功夫，推动当代中国马克思主义、21 世纪马克思主义深入人心、落地生根。

2. 聚民心

"聚民心，就是要牢牢把握正确舆论导向，唱响主旋律，壮大正能量，做大做强主流思想舆论，把全党全国人民士气鼓舞起来、精神振奋起来，朝着党中央确定的宏伟目标团结一心向前进。"① 民心是最大的政治，决定事业兴衰成败，开展新时代理论宣讲工作，说到底是做人的工作、做群众的工作，没有一个团结、稳定、鼓劲的良好氛围，我们什么事情也干不成、干不好，所以用主流思想舆论汇聚民心、凝聚共识便是新时代理论宣讲的题中之义、重中之重。当前，我们正处于改革攻坚的深水区和关键期，面临的国际形势日趋复杂，影响民心的各类声音也日趋嘈杂，理论宣讲工作需要不断提高舆论传播力、引导力、影响力和公信力，把握正确舆论导向，坚持正面宣传为主，更好地强信心、聚民心、暖人心、筑同心。要实现这个目标，新时代理论宣讲工作必须坚持深入群众，聚焦人民群众的现实需求，紧扣人民群众的最大利益和关切，贴近人民群众的实际生活，用通俗易懂的语言传达党的理论观点，真正站在人民的

① 习近平：《论党的宣传思想工作》，中央文献出版社 2020 年版，第 339 页。

立场上思考问题、宣讲政策，使人民群众能够感受到党的关怀和温暖，让新时代党的创新理论被群众广泛认可和接纳，调动起民众投身中国式现代化建设的积极性，汇聚起推动上下一心、团结奋斗的思想伟力。

3. 育新人

“育新人，就是要坚持立德树人、以文化人，建设社会主义精神文明、培育和践行社会主义核心价值观，提高人民思想觉悟、道德水准、文明素养，培养能够担当民族复兴大任的时代新人。”[①]中国共产党立志于中华民族千秋伟业，必须培养一代又一代拥护中国共产党领导和我国社会主义制度、立志为中国特色社会主义事业奋斗终身的接班人。党的十八大以来，习近平总书记围绕“培养社会主义建设者和接班人”作出一系列重要论述，深刻回答了“培养什么人、怎样培养人、为谁培养人”这一根本性问题。立德树人这一根本任务为新时代理论宣讲工作指明了具体的任务方向，要将立德放在青年人才培养的首位，在青年学生中大力培育和弘扬社会主义核心价值观，为实现中华民族伟大复兴的中国梦凝聚强大正能量。新时代理论宣讲工作要始终坚持党的领导，牢牢把握对当代青年开展理论宣讲的根本方向，心怀“国之大者”，抓好后继有人这个根本大计，坚持用习近平新时代中国特色社会主义思想教育人，用党的理想信念凝聚人，用社会主义核心价值观培育人，用中华民族伟大复兴历史使命激励人，为广大青年学生“扣好人生第一粒扣子”，引导学生把理想信念建立在对科学理论的理性认同上，建立在对历史规律的

① 习近平：《论党的宣传思想工作》，中央文献出版社 2020 年版，第 339 页。

正确认识上，建立在对基本国情的准确把握上，把矢志实现中华民族伟大复兴作为一生的价值追求和奋斗目标，培养造就大批堪当时代重任的接班人。

4. 兴文化

“兴文化，就是要坚持中国特色社会主义文化发展道路，推动中华优秀传统文化创造性转化、创新性发展，继承革命文化，发展社会主义先进文化，激发全民族文化创新创造活力，建设社会主义文化强国。”①没有高度的文化自信，没有文化的繁荣昌盛，就没有中华民族伟大复兴。当今世界，各国之间的竞争日趋激烈，文化已成

浙江省杭州市余杭区良渚古城遗址公园

① 习近平:《论党的宣传思想工作》，中央文献出版社 2020 年版，第 339 页。

为展示综合国力和形象的重要组成部分，要实现中华民族伟大复兴的中国梦，一个重要的前提就是坚持守正创新，建设社会主义文化强国，建设中华民族现代文明，推动中华文化在国际社会赢得广泛认可。新时代理论宣讲工作是引领社会进步的重要手段和载体，是党的理论和路线方针政策落地生根、开花结果的基本保障。要以习近平文化思想为指导，牢牢坚守中华优秀传统文化立场，深入挖掘党的创新理论背后的文化根基，激发全民族文化创新创造活力，极大丰富人民精神世界，提高国家文化软实力，增强全党全国各族人民对中国特色社会主义的认同感，以文化自信不断增强民族精神力量，更好凝聚起应对文化领域内的重大挑战、抵御重大风险、克服重大阻力、解决重大矛盾的强大精神力量。

5. 展形象

“展形象，就是要推进国际传播能力建设，讲好中国故事、传播好中国声音，向世界展现真实、立体、全面的中国，提高国家文化软实力和中华文化影响力。”[①]开展新时代理论宣讲工作，不仅要向广大人民群众传播系统的理论知识，提升理论自信、文化自信等，更要让世界文明认识和了解新时代中国的崭新形象，进一步感知当代中国的发展活力。党的十八大以来，以习近平同志为核心的党中央高度重视理论宣讲工作在阐述国家立场、维护国家形象、增强国际传播能力、提高国际话语权等方面的重要作用，推动党的理论宣讲工作在展现中国魅力、传播中国声音以及提升我国国际话语权等方面取得了巨大的成就，国际传播能力稳步提升，为世界提供了中国

① 习近平:《论党的宣传思想工作》，中央文献出版社 2020 年版，第 339—340 页。

方案、中国智慧、中国力量。我们要继续“加快构建中国话语和中国叙事体系，讲好中国故事、传播好中国声音，展现可信、可爱、可敬的中国形象”[①]，让世界听得懂、听得进、听得信，以新时代中国共产党带领人民开展的伟大实践和取得的突出成就为现实依据，让世界人民真正感受到中华文化的历史温度和现实力量；继续“加强国际传播能力建设，全面提升国际传播效能，形成同我国综合国力和国际地位相匹配的国际话语权”[②]，向世界展现中国共产党聚焦世界共同难题和人类美好未来的胸襟和情怀，以中华文化开放包容的特性，进一步提升中国国际话语权的认可度和传播力。

（四）新时代理论宣讲工作的基本原则

理论宣讲是沟通理论与实践的桥梁，是联系政策与大众的纽带。习近平总书记对宣传思想文化工作作出重要指示强调：“新时代新征程，世界百年未有之大变局加速演进，中华民族伟大复兴进入关键时期，战略机遇和风险挑战并存，宣传思想文化工作面临新形势新任务，必须要有新气象新作为。”[③] 新时代理论宣讲工作要牢牢把握习近平新时代中国特色社会主义思想这个科学指引，着力在讲全讲准讲深讲透上下功夫，始终坚持党的领导，坚持人民至上，坚持服

① 习近平：《高举中国特色社会主义伟大旗帜　为全面建设社会主义现代化国家而团结奋斗——在中国共产党第二十次全国代表大会上的报告》，人民出版社 2022 年版，第 46 页。

② 习近平：《高举中国特色社会主义伟大旗帜　为全面建设社会主义现代化国家而团结奋斗——在中国共产党第二十次全国代表大会上的报告》，人民出版社 2022 年版，第 46 页。

③《习近平对宣传思想文化工作作出重要指示强调　坚定文化自信秉持开放包容坚持守正创新　为全面建设社会主义现代化国家　全面推进中华民族伟大复兴提供坚强思想保证强大精神力量有利文化条件》，《人民日报》2023 年 10 月 9 日。

务全局，坚持守正创新，坚持问题导向，为夺取新时代中国特色社会主义伟大胜利、实现中华民族伟大复兴的中国梦提供思想保证、舆论支持、精神动力和文化条件。

1. 坚持党的领导

习近平总书记在党的二十大报告中强调，“坚持党的全面领导是坚持和发展中国特色社会主义的必由之路”，“全面从严治党是党永葆生机活力、走好新的赶考之路的必由之路”。[①] 新时代理论宣讲要大力宣传阐释党的基本理论、基本路线、基本方略，在大是大非问题上立场坚定、旗帜鲜明，展现正确的政治方向、价值导向。这就需要理论宣讲工作者勤于深耕理论研究，以坚实的理论素养为支撑深度解析现实问题。同时围绕“学思想，强党性，重实践，建新功”的要求，引导广大干部群众增强政治意识、大局意识、核心意识、看齐意识，坚定道路自信、理论自信、制度自信、文化自信，坚决维护习近平总书记党中央的核心、全党的核心地位，坚决维护党中央权威和集中统一领导，促进全体人民在理想信念、价值理念、道德观念上紧紧团结在一起，确保全体人民始终在思想上政治上行动上同以习近平同志为核心的党中央保持高度一致。

2. 坚持人民至上

《中共中央关于党的百年奋斗重大成就和历史经验的决议》总结出了党的十条宝贵历史经验，其中很重要的一条就是“坚持人民至

---

① 习近平:《高举中国特色社会主义伟大旗帜　为全面建设社会主义现代化国家而团结奋斗——在中国共产党第二十次全国代表大会上的报告》，人民出版社 2022 年版，第 70 页。

上”，这深刻揭示了中国共产党铸就百年辉煌的成功密码。习近平总书记在党的二十大报告中强调：“为民造福是立党为公、执政为民的本质要求。必须坚持在发展中保障和改善民生，鼓励共同奋斗创造美好生活，不断实现人民对美好生活的向往。”[①]新时代理论宣讲既要把坚持人民至上作为工作的基本原则，也是具体的任务要求。宣讲活动要确保群众在哪里，理论宣讲就跟进到哪里；百姓喜欢听什么，理论宣讲就采取什么样的方式；人民需要什么，理论宣讲就补充什么样的知识。这就需要理论宣讲工作者深入生活、扎根人民，坚持

» 2023 年 1 月 5 日，新疆维吾尔自治区昌吉市马背宣讲队骑马进山宣讲

① 习近平：《高举中国特色社会主义伟大旗帜　为全面建设社会主义现代化国家而团结奋斗——在中国共产党第二十次全国代表大会上的报告》，人民出版社 2022 年版，第 46 页。

把人民放在心上，用心用情用功讲好时代的理论，坚持紧密结合群众思想实际，析事明理、解疑释惑、回应关切，在服务群众与引导群众、依靠群众与动员群众、满足群众要求与提升群众素养相结合的过程中，架起科学理论与人民大众之间的桥梁。

3. 坚持服务全局

习近平总书记在党的二十大报告中指出：“只有用普遍联系的、全面系统的、发展变化的观点观察事物，才能把握事物发展规律。”[①]新时代理论宣讲要立足新阶段、找准新方位、锚定新坐标，保持前瞻性思考、加强战略性布局，从时代发展的大局、民族复兴的全局出发系统开展工作。新时代理论宣讲工作者既要深入宣讲党的理论和路线方针政策，宣讲党中央关于形势的重大分析判断，又要生动宣讲各地各部门和人民群众的火热实践，讲好中国故事，讲好中国共产党故事，讲好新时代中国特色社会主义的故事，展现亿万人民在新时代的新风貌，增强人民群众的获得感、幸福感、安全感。

4. 坚持守正创新

习近平总书记在党的二十大报告中强调“守正才能不迷失方向、不犯颠覆性错误，创新才能把握时代、引领时代”[②]，在参加党的二十

---

① 习近平：《高举中国特色社会主义伟大旗帜　为全面建设社会主义现代化国家而团结奋斗——在中国共产党第二十次全国代表大会上的报告》，人民出版社2022年版，第20页。

② 习近平：《高举中国特色社会主义伟大旗帜　为全面建设社会主义现代化国家而团结奋斗——在中国共产党第二十次全国代表大会上的报告》，人民出版社2022年版，第20页。

大广西代表团讨论时号召“坚定信心、守正创新，奋力谱写全面建设社会主义现代化国家新篇章”[①]。全面建设社会主义现代化国家新征程正处于新一轮科技革命的关键机遇期，保证理论宣讲取得良好成效，就必须增强创新意识、培养创新思维、锻炼创新能力。理论宣讲工作者要积极适应时代变化，充分发挥现有各级党报党刊党台党网的主渠道、主阵地作用，构建“报、刊、台、网、微、端、屏”理论传播矩阵，全面增强数字化技能，提高学网、用网的本领和水平，形成多层次、多渠道、多样式的宣讲格局，实现理论宣讲的立体化呈现、精准化传播。

5. 坚持问题导向

习近平总书记在党的二十大报告中将“坚持问题导向”作为贯穿习近平新时代中国特色社会主义思想的世界观和方法论的重要内容之一，并深刻指出，“问题是时代的声音，回答并指导解决问题是理论的根本任务”[②]。新时代理论宣讲面临“讲什么”“谁来讲”“为谁讲”“怎么讲”等问题，坚持问题导向要开展调查研究，深入寻找映照社会现实、关乎民心民意的新问题和真问题，善于捕捉和回应理论热点问题，靶向解答群众的疑问和困惑。要保持辩证思维，坚持具体问题具体分析，努力做到对症下药、有的放矢。要持续攻坚克难，坚持问题导向的最终归宿在于解决问题，

① 《习近平在参加党的二十大广西代表团讨论时强调　心往一处想劲往一处使推动中华民族伟大复兴号巨轮乘风破浪扬帆远航》，《人民日报》2022年10月18日。

② 习近平：《高举中国特色社会主义伟大旗帜　为全面建设社会主义现代化国家而团结奋斗——在中国共产党第二十次全国代表大会上的报告》，人民出版社2022年版，第20页。

以勇于自我革命的气魄和坚韧不拔的毅力发现问题、分析问题、解决问题，推进理论传播取得实实在在的成效。

时代风采

跨时空跨场景跨圈层宣讲党的二十大精神

现场空间、网络空间、舞台空间……这一幕幕融媒互动场景，出现在由团中央宣传部、安徽省委宣传部、安徽省委网信办、团安徽省委、安徽省委讲师团和安徽广播电视台联合出品的大型融媒理论节目——《理响新时代》第六季《中国新远征》中。节目于2022年12月27日起在“学习强国”学习平台、安徽卫视等平台播出。

作为国家广播电视总局2022年广播电视重点节目,《中国新远征》通过8场立体访谈、三大空间联动，打造宣讲新样态。节目组围绕阐释、宣讲“共同富裕”“人民至上”“全过程人民民主”等新理念、新思想、新战略、新举措，奔赴浙江省淳安县下姜村，安徽省金寨县大湾村、凤阳县小岗村等地，实地探访8位党的二十大代表的工作日常，倾听群众心声、回应一线关切、解析内在原理。

党的二十大代表、科大国盾量子技术股份有限公司党支部书记、副总裁周雷投身量子科技成果转化道路13年，在第五期节目《制胜之策》中，他在实验室出镜。他感慨，本季《理响新时代》深入党的二十大代表的工作日常，现场连线让观众看到科研环境的变化，对量子技术这一神秘“黑科技”有了更直观、更感性的认识。

节目还探索“屏”与“网”的联通。首度与B站联手，创新开展“我学二十大，想问一句话”话题征集活动。节目现场，8位知名

UP主带着网友学习中最关注的话题，与来自中央党校、中央团校及知名高校的7位理论大咖和8位青年思政网红连线互动，在青年聚集的互联网空间开辟“理论宣讲新阵地”。

——王海涵、王磊：《跨时空跨场景跨圈层宣讲党的二十大精神》，《中国青年报》2023年1月11日

三

理论之光导航向

——为什么要开展新时代理论宣讲工作？

理论宣讲作为党的理论武装工作的重要组成部分，是加强党的思想理论建设的重要内容，是传播和宣传党的理论创新成果、武装和教育基层干部群众、让党的理论最迅速最广泛地同群众见面并入脑入心的重要载体和有效途径，也是党动员群众、统一思想、调动一切积极因素开展各项工作的重要方法，具有广泛的群众基础和旺盛的生命力。新时代深入开展理论宣讲工作是时代所需，具有深刻的现实意义。

（一）新时代理论宣讲工作的地位作用

建党 100 多年来，中华民族实现了从站起来、富起来到强起来的伟大飞跃，这是中国共产党正确领导的必然结果，也与我们党强有力的理论武装息息相关。理论宣讲作为理论武装的重要方法和有效手段，是马克思主义理论与人民群众理论需求间的桥梁，是我们党用创新理论掌握群众的重要着力点，在唤醒群众、教育群众、引领群众、服务群众的实际工作中，在听党话、感党恩、跟党走的宣传教育上，发挥了不可替代的重要作用。

1. 开展党的宣传思想文化工作的有效载体

宣传思想文化工作是党的一项极端重要的工作，是中国共产党领导人民不断夺取革命、建设、改革伟大胜利的优良传统和政治优势。党的十八大以来，以习近平同志为核心的党中央把宣传思想文化工作摆在全局工作的重要位置，作出一系列重大决策，实施一系列重大举措，党的理论创新全面推进，社会主义核心价值观深入人心，中华优秀传统文化广泛弘扬，主流意识形态价值不断巩固壮大，文化自信得以彰显，国家文化软实力和影响力大幅提升，全党全社会在思想上、行动上的团结统一更加巩固。然而，当前社会上思想活跃、观念碰撞，互联网等新技术新媒介日新月异，我们党要团结带领人民实现党的战略目标，夺取中国特色社会主义新胜利，必须积极开展党的宣传思想文化工作，使全国人民坚定自信、鼓舞斗志，更加同心同德、团结奋斗。理论宣讲工作是我们党加强理论武装、引导舆论、教育动员群众的重要方式，是党开展宣传思想文化工作的有效载体和直接手段。从建党初期以李大钊、陈独秀为代表的先进知识分子走上街头、走进工厂宣扬马克思主义理论，到毛泽东等无产阶级革命家创办农民运动讲习所；从改革开放后全国广泛开展以“解放思想、实事求是”为主题的宣讲活动，到党的十八大以来历次党的全国代表大会，从中央到地方各级层层组建宣讲团进机关、进企事业单位、进城乡社区、进校园、进军营、进各类新经济组织和新社会组织、进网站宣讲，中国共产党的理论宣讲工作始终贯穿中国革命、建设、改革的全过程，是我们党宣传思想文化工作顺利开展的重要法宝。

2. 强化思政育人功能的关键抓手

强化思政育人就是要理直气壮开好思政课，用习近平新时代中国特色社会主义思想铸魂育人，引导广大人民群众增强对中国特色社会主义的道路自信、理论自信、制度自信、文化自信，厚植爱国主义情怀，把爱国情、强国志、报国行自觉融入坚持和发展中国特色社会主义事业、建设社会主义现代化国家、实现中华民族伟大复兴的奋斗之中。理论宣讲在办好思政课中的作用不可替代，责任重大，是强化思政育人功能的关键抓手。要积极发挥理论宣讲在思政育人中的重要作用，增强思政课的内容广度和形式新度，以服务思政育人功能为导向，强化育人意识，在学生思想价值引导上下功夫，引导广大青年学生勇担时代责任，自觉践行社会主义核心价值观，不断提升道德素质和科学素质，激发学生投身祖国建设事业的巨大热情，服务于建设社会主义现代化国家新任务；要在服务学生人生成长上下功夫，遵循青年学生成长成才规律，紧扣学生思想状况实际，做学生成长的知心人、热心人、领路人，做到有的放矢，让宣讲工作有温度、有情怀。总之，要以透彻的学理分析回应，以彻底的思想理论说服，以真理的强大力量引导，寓价值观引导于知识传授之中，宣传宣讲主流意识形态，直面各种错误观点和思潮，用科学理论培养人，把思政小课堂同社会大课堂结合起来，不断增强思政课的思想性、理论性和亲和力、针对性。

3. 守住意识形态阵地的重要法宝

意识形态安全是国家安全的重要组成部分，习近平总书记多次强调，“能否做好意识形态工作，事关党的前途命运，事关国家长治久安，事关民族凝聚力和向心力”①。高度重视思想建党，是我们党永葆生机活力的重要法宝。开展理论宣讲，就是要用党的创新理论武装党员干部群众的头脑，通过摆事实、讲道理引导党员干部群众明辨是非，自觉抵制错误思潮。长期以来，国际国内的意识形态领域斗争愈演愈烈，国际上敌对势力“西化”“分化”中国的图谋从未停止，少数别有用心者不断离间我们的党心、民心；国内改革力度、深度、难度前所未有，不同群体的利益诉求、价值观呈现多元倾向。这就要求我们全国人民始终团结一致，保持清醒坚定，坚决抵制各种错误思想的侵蚀。中国特色社会主义进入新时代，党对意识形态工作的领导发生深刻变革，从根本上扭转了意识形态领域一度出现的被动局面，使意识形态领域形势发生开创性、长远性、全局性、根本性的转变，意识形态领域出现焕然一新的良好态势。但同时，意识形态领域形势依旧严峻，当前国内社会思想意识多元多样多变趋势日益明显，塑造社会心态、引导社会预期的任务繁重复杂、刻不容缓，敌对势力的思想文化渗透手段不断翻新、方式更加隐蔽，争夺网络意识形态前沿阵地的较量依然激烈，统一思想、凝聚力量任务之艰巨前所未有。一以贯之防范化解意识形态领域风险挑战、巩固来之不易的崭新局面，迫切需要发挥理论宣讲在思想引导、凝聚共识等方面的独特优势和作用，推动建设具有强大凝聚力和引领力的社会主义意识形态，为建设社会主义现代化国家凝心铸魂、团结力量。

---

① 《习近平关于社会主义精神文明建设论述摘编》，中央文献出版社2022年版，第17页。

山东省日照市推出《理响日照》电视理论专题片，面对面解读理论热点，推动党的创新理论深入人心。图为《共话高质量发展》专题录制现场

4. 适应理论传播变化的有力举措

进入互联网时代，社会矛盾、发展转型、利益关系调整和各种文化思潮碰撞日益激荡，多元化思想、多样化文化交流交融交锋，互联网时代碎片化、简单化、情绪化的阐释解读，给基层干部群众带来许多困惑、影响，这也是包括基层理论宣讲在内的理论宣传普及主阵地主渠道遇到的新形势、新课题、新挑战。适应时代变化，增强科学应变能力，需要基层理论宣讲工作开辟新渠道。要主动向线上网上进军，以微宣讲、微故事、微漫谈、微动画等生动鲜活的方式，引导广大党员干部群众特别是青少年群体提高明辨是非的能力，自觉抵制错误思潮和不良言论，实现“两个巩固”的根本任务；要积极适应时代发展变化，充分利用图书、报刊、广播、电视、互联网等载体平台，不断推出具有亲和力、感染力、影响力的通俗读物、理论文章、电视广播理论节目等，开展接地气的网上理论宣讲；

组织理论工作平台以及哲学社会科学骨干，积极开展理论宣传宣讲普及工作，推动党委讲师团、新时代文明实践中心、县级融媒体中心等，开展分众化、多层次、立体式基层理论宣讲，从而促进新时代理论宣讲工作有效开展。

5. 呼应群众理论渴求的必然选择

基层理论宣讲工作从根本上说就是群众工作，做好新形势下的群众工作是党员干部需要掌握的一项基本功。做好群众工作不仅要及时解决群众的实际问题，维护群众的切身利益，而且要善于宣传群众、教育群众，做好群众的思想政治工作。当前，群众对理论政策的需求日益旺盛，呈现出多样性、差异性、趋利性、选择性等特点，具有求名、求利、求美、求乐、求健康等多样性需求。只有不断满足群众的理论需求，才能释疑解惑、理顺情绪、凝心聚力。做好群众工作，离不开理论宣讲这只手。面对当下党员干部群众的思想状况和精神需求，理论宣讲迫切需要深入基层、贴近群众，用“小切口”讲述“大道理”，用“大众话”讲述“大众化”，用“身边人”讲述“身边事”，让基层党员干部群众能“听得懂、坐得住、想得清、记得准、用得上、叫得好”，通过群众听得懂、愿意听、能领会的大白话把习近平新时代中国特色社会主义思想在基层讲清楚、讲明白、讲到位、讲透彻。通过讲好身边的故事、讲好自己的故事、讲好中国的故事、讲好中国共产党的故事，用生动的语言诠释清楚党的创新理论和路线方针政策，及时有效回应党员干部群众关心关切。同时，要紧密联系改革发展实践，围绕干部群众普遍关心的热点难点问题，既要讲清楚“怎么看”，又要讲清楚“怎么办”，疏导社会心理，平衡社会情绪，纾解社会焦虑；及时掌握思想理论动态，旗帜鲜明批驳错误观点和错误思潮，有效开展辨析引导，帮助干部群众划清是非界限，廓清思想迷雾，自觉抵制错误思想的侵蚀。

6. 推进创新理论内化的重要手段

理论的武器一经掌握群众，就会焕发出真理的光芒，转化为强大的物质力量。只有把马克思主义思想精髓同人民群众日用而不自觉的共同价值观念融通起来，将党的创新理论内化为人民群众的强大思想武器，才能实现全党思想、意志、行动的统一。推进党的创新理论内化，就是要自觉将理论学习的外部驱动力转化为自我净化、自我提升的内生动力，即自觉用习近平新时代中国特色社会主义思想改造主观世界，做到真学真懂、真信笃行。理论宣讲工作者要将党的创新理论内化于心，做到内强筋骨、胸有成竹，建立高度的理论自信，全面深刻地阐释理论，与时俱进地发展理论，做到宣讲时游刃有余、解释时条理清晰。要善于将思想的科学性、严谨性和表述的鲜活性、生动性结合起来，用风趣的语言、鲜活的事例、生动的场景吸引群众的注意、感染群众的内心、引起群众的共鸣，通过话语风格的转化，使宣讲既寓意深远、入木三分，又易于理解、乐于接受，实现用党的创新理论武装群众、教育群众、动员群众。

文献阅读

怎么办？（节选）

我们说，工人本来也不可能有社会民主主义的意识。这种意识只能从外面灌输进去，各国的历史都证明：工人阶级单靠自己本身的力量，只能形成工联主义的意识，即确信必须结成工会，必须同厂主斗争，必须向政府争取颁布对工人是必要的某些法律，如此等等。而社会主义学说则是从有产阶级的有教养的人即知识分子创造的哲学理论、历史理论和经济理论中发展起来的。现代科学社会主义的创始人马克思和恩格斯本人，按他们的社会地位来说，也是资产阶级知识分子。俄国的情况也是一样，社会民主党的理论学说也是完全不依赖于工人运动的自发增长而产生的，它的产生是革命的社会主义知识分子的思想发展的自然和必然的结果。

——《列宁选集》第 1 卷，人民出版社 2012 年版，第 317—318 页

（二）新时代理论宣讲工作取得的成就

党的十八大以来，以习近平同志为核心的党中央高度重视理论宣讲工作，习近平总书记先后作出一系列重要指示，提出一系列明确要求，为做好党的理论宣讲工作提供了根本遵循。各级党委宣传部、讲师团认真贯彻落实党中央精神，扎实做好理论宣讲工作，有效推动了习近平新时代中国特色社会主义思想深入人心、落地生根，巩固了马克思主义在意识形态领域的指导地位，巩固了全党全国各族人民团结奋斗的共同思想基础。

1. 组织架构逐步贯通

党的十八大以来，理论宣讲主要围绕习近平新时代中国特色社会主义思想开展多层次、多角度的宣讲，在组织架构、人员组成、运作过程等方面都已经形成比较成熟稳定的模式，集中体现为集中宣讲和分众宣讲逐步贯通的组织架构。集中宣讲，主要是针对学习贯彻中央

重要会议精神、重大决策部署进行的大规模集中宣讲活动。党的十八大以来，历次党的全国代表大会和历次全会精神宣讲，中央、省委和各市党委分别成立宣讲团，由宣传部门牵头，从讲师团、党校（行政学院）、社科院、高校、企业等抽调专家学者，分层次、分行业、分地区、分类别赴各地各部门开展巡回宣讲活动。分众宣讲，就是根据不同层面听众的特点，采取侧重点不同的宣讲内容和宣讲方式进行对象化宣讲。集中宣讲与分众宣讲，相辅相成、互为补充，两者的有机结合，实现了在集中宣讲输送的基础上，通过分众化传播，对宣讲内容进行分类加工、定点传送，营养和滋润到基层神经末梢，赢得基层广大群众，实现了武装群众、引导群众、服务群众、教育群众的目的。

2. 内容设计逐渐完善

党的十八大以来，理论宣讲工作紧紧围绕党和国家中心任务，弘扬主旋律、壮大正能量，自觉在改革发展稳定大局下找准切入点和着力点，通过系统谋划推进，理论宣讲的内容设计不断更新完善。聚焦事关发展方向的根本问题，着力用习近平新时代中国特色社会主义思想武装头脑、教育人民、推动工作，更好地把人们团结凝聚在中国特色社会主义的伟大旗帜下，是理论宣讲的重点和核心。聚焦经济社会发展的重大问题，宣讲党的基本理论、基本路线、基本方略，着力把改革发展的指导思想、政策措施和安排部署讲清楚、说明白，有效地架起理论与政策、政府与百姓沟通的桥梁，引导人们正确地把握国情省情，科学地认识发展现状和存在问题，更好地统一思想、凝聚力量。聚焦干部群众关注的热点难点问题，宣讲住房、就业、教育、医疗、生态环境、食品安全等与群众切身利益密切相关的实际问题，用马克思主义的立场观点方法进行分析，以理性、务实的心态讲清“怎么看”“怎么办”，更好地传播党的声音，回应人民群众的关切。

3. 师资队伍日益活跃

党的十八大以来，各级宣传部、讲师团积极统筹体制内外资源，按照政治立场坚定、理论功底扎实、表达能力较强、热爱宣讲事业的标准，打造层次丰富、专兼结合、广泛覆盖的宣讲骨干队伍，形成“专家学者讲理论、领导干部讲政策、模范典型讲事迹、百姓草根讲故事”的活跃局面。聚力完善宣讲专家库，做优“核心层”，进一步整合党政机关、党校（行政学院）、高校、社科研究机构等资源，团结、稳固、用好各级领导干部、党校（行政学院）专家学者、高校教授、资深理论工作者、媒体评论员等“理论行家”。聚力壮大“草根”宣讲队伍，做强“基础层”，充分发挥基层群众、民间力量的主体作用，挖掘好、培育好、引导好群众身边的草根宣讲员，突出“百姓讲给百姓听”，打造群众眼中的“宣讲家”、心中的“大明星”。聚力培养“文艺”“网红”宣讲员，做好“新势力”，吸纳引领素养高、有特长、好文艺、表达强、爱宣讲的年轻人自学技能、自创“段子”、自编“剧本”，用戏曲、相声、三句半以及微视频等新颖快捷的方式推动党的创新理论传播。

4. 方式方法有所创新

党的十八大以来，面对新形势新任务新情况，在抓好传统的面对面宣讲，巩固提升维护好各类讲堂、党建活动室、文明实践站（所）等传统宣讲阵地基础上，积极创新方式方法，拓展提升新阵地。围绕对象化、分众化、差异化、互动化宣讲，融合专家理论宣讲、时势政策宣讲、媒体宣讲、典型宣讲、故事宣讲、文艺宣讲、网络宣讲、快闪宣讲等多种形式，分层分类开展多样化宣讲，以求分清对象、“精准滴灌”，避免将理论宣讲变成“理论轰炸”，真正让党的创新理论宣讲讲到党员干部群众心坎里，不仅听得懂，更能用得上。围绕创新宣传宣讲传播手段，整合“报、刊、台、网、微、端、屏”等资源，综合运用新媒体新技术新手段，全方位、多层次、多声部推出特色理论宣讲栏目节目，侧重个性化创作、可视化呈现、形象化表达和互动化传播，广泛搭建“微课堂”，开展“微宣讲”，使深奥的理论变得有趣而活泼，赋予创新理论可触可感的温度、鲜度和色彩。围绕随时随地讲、随时随地学，着力在社区、小区、企业、工地、车间、田间地头、社会组织、微博、微信、移动客户端等搭建新平台、微平台，实现“哪里有群众哪里就有宣讲、群众在哪里就宣讲到哪里”的宣讲格局。

（三）新时代理论宣讲工作面临的形势

理论宣讲工作是中国共产党思想政治工作的重要组成部分，是新时代用党的理论创新成果武装全党的重要途径，是推动习近平新时代中国特色社会主义思想“飞入寻常百姓家”的有效手段。当前，新时代党的创新理论宣传宣讲工作面临新形势新变化，要求我们深刻把握当前的时代特点、社会变化和人民需要，不断改进工作思维方式和宣讲方法手段，上演好新时代理论宣讲的“进化论”。

1. 时代变化对新时代理论宣讲工作提出新要求

回答并指导解决问题是理论的根本任务。新时代新征程，世界百年未有之大变局加速演进，中华民族伟大复兴进入关键时期，战略机遇和风险挑战并存，宣传思想文化工作面临新形势新任务。中国特色社会主义进入新时代，我国社会主要矛盾已经转化为人民日益增长的美好生活需要和不平衡不充分的发展之间的矛盾。全球范围内思想文化相互激荡，抵御外部文化渗透、加强意识形态建设的风险挑战前所未有。西方民主政治以及治理体系的深层次矛盾不断凸显，以中国为代表的新兴经济体在经济发展、国家治理、科技创新等方面取得了突出成就，国际政治、经济格局的显著变化必然带来文明格局的深刻演变。社会主要矛盾变化带来的新特征新要求、错综复杂的国际环境带来的新矛盾新挑战，牵动着社会的神经，困惑着人们的思想，迫切需要正面解释和回答，这对理论宣讲工作提出了新要求。与此同时，建设中华民族现代文明，为新时代理论宣讲工作明确了新任务。“中华民族”体现的是主体性，“现代”体现的是时代性。赓续传统，创造未来。这就要求我们在理论宣讲过程中不断推动中华优秀传统文化创造性转化创新性发展，推动马克思主义基本原理同中华优秀传统文化相结合，推动社会主义文化强国建设，增强中华文明传播力影响力。

2. 社会转型给新时代理论宣讲工作带来新转变

新时代理论宣讲工作要面向广大党员干部、农民、社区居民、企业员工、学校师生等不同对象，特别是当前，随着经济社会和互联网等新技术的发展，社会上不断涌现农民工、空巢老人、留守儿童，以及“宅族”“蚁族”“漂族”等新型群体和新的经济组织。不同社会阶层、不同行业、不同利益群体之间的关注点、接受点也不同，利益诉求及其维护方式也都不同，思想教育的接受方式发生了深刻变化，使得宣讲工作呈现出对象化、分众化、互动化的新特点和新形势。新时代理论宣讲工作更需要依靠社会各界群策群力，让宣讲形成“燎原”之势，而非只听“一家之言”。宣讲受众分布广、人员多，需要一支兼具政治素养、理论水平、宣讲能力的高素质宣讲员队伍，进行全方位、多层次、多声部宣讲，根据不同社会群体的不同关注点、需求点进行回答和解释，推动宣讲队伍建设由单一到多元的转变，形成理论专家深入讲、青年群体组团讲、新闻记者访谈讲、基层干部一线讲、草根“名嘴”围炉讲的生动宣讲局面，推动新时代理论宣讲既分不同人群“精准滴灌”，又在社会面形成全覆盖。

3. 科技发展为新时代理论宣讲工作提供新命题

当今世界，互联网和媒介技术突飞猛进，新一轮科技革命给传播格局带来深刻变革，整个传媒领域正经历着从未有过的深刻变化，传统媒体与新兴媒体的格局呈现出重大变革、激烈竞争、深度整合和局部洗牌的新局面、新趋势。从纸质媒介到电子媒介，再到数字媒介，媒介发展变革的步伐从未停止，与传统媒介的信息传播相比，移动新媒体的传播更具有碎片化、鲜活快捷的特征。理论宣讲的传统阵地不断发生转移，网络日渐成为社会思想交流、交融和交锋的核心地带，日渐成为各种社会舆论相互激荡、彼此碰撞和角力的主要阵地。我国城镇化进程使得人口结构和分布特点呈现新变化，“在哪讲”和“谁来听”成为新的现实命题。以短视频为例，当前我国短视频平台日活跃用户超6亿，大量社会主力人口在网上聚集，各种思想文化交流交融交锋日趋活跃，思想理论的战场已经从线下蔓延到线上。与此同时，由于新媒介的技术赋权，人们思想活动的独立性、选择性、多变性、差异性不断增强，这就造成我国意识形态领域呈现出十分复杂的新状况。新的媒介环境，不仅改变着媒介的生产方式，而且改变着传统的社会交往模式和精神交往方式。作为释疑解惑、凝聚共识、坚定信念的理论宣讲工作，如何解决新媒体视域下思想理论传播的困境和冲突，是其亟须化解的重大现实问题。

当今，社会组织形态的深刻变化和网络科技的迅猛发展，既为理论宣讲带来了难得的发展机遇，也为宣讲工作持续深入开展提出了新的挑战。

宣讲内容“众口难调”。一方面，开展重大主题宣讲是形势所需、任务所需，但真正能够结合当地发展实际、结合群众身边故事来讲好党的创新理论的内容少。另一方面，活动形式上多采用传统的大会场作报告等“大水漫灌”方式，一提起宣讲，往往注重传统的“我讲”“你听”，做起大报告头头是道，论起分众化、对象化、互动式宣讲，则显得力不从心，拉呱式、文艺类等宣讲次数不多、质量参差不齐，对群众吸引力不足，理论宣讲个性化、差异化程度不深，宣讲缺乏黏性。特别是综合利用主体与客体、口头与书面、传统媒体与新兴媒体等开展立体宣讲，功夫下得不到位。

宣讲队伍“力不从心”。当前，“专家讲理论、百姓讲故事”的格局日趋成熟，而“领导讲政策”相对滞后。宣讲队伍中，真正能研究明白政策、敢于触碰真问题、能讲善讲的宣讲员往往集中在领导干部、业务骨干队伍中，这些宣讲员容易出现业务工作与宣讲工作无法兼顾的现象。宣讲人缺少联系实际的工作经验，因此政策宣讲往往存在照本宣科的情况，导致基层宣讲“抬头率”和“点头率”不高。有的站位不够高远，存在着任务集中时抓一抓、工作常态时松一松的现象。有的思维不够敏锐，对改革发展中遇到的新情况、思想领域出现的新问题、百姓关心的实在事，不能见微知著，找不准理论宣讲的切入点。有的思路不够开阔，片面地以为宣讲工作是宣传部门自己的事情，工作起来总是眼睛向内，更多地注重体制内因素，不能有效借助外脑、外力，宣讲工作的合力难以形成。有的精气神不足，在理论宣讲日益常态化的今天，宣讲任务、活动一个接一个，可以说是主题不变、内容常换，个别地方、部分同志产生了宣讲“疲劳”，责任意识不强，无论是接受宣讲任务还是安排相应工作，显得精神头不够足，跟进措施也大打折扣。

平台阵地“难聚一堂”。线下，城市流动人口占比高，常住人口绝大多数来自市场主体，进企业宣讲时要保障正常生产经营，受众人数要以不影响企业正常生产为前提；乡村留守人员多为老人、妇女、儿童，且往往居住分散，所以理论宣讲亦存在一定组织难度。线上，基层党组织借助互联网传播平台来创新理论宣讲方式的意识还不强，特别是利用短视频等新技术手段来做好理论宣讲工作还不够多，吸引“流量”能力不强。

历史回溯

“长征又是宣传队”

毛泽东在总结长征历史经验时说：“长征又是宣传队。它向十一个省内大约两万万人民宣布，只有红军的道路，才是解放他们的道路。”长征的胜利离不开长征期间成效卓越的宣传工作。在血与火的征途中，红军通过对沿途民众宣传，团结、教育并成功动员了沿途群众，激励了战士斗志，分化打击了敌人，对长征的胜利起到了关键性的作用。

红军长征途中不仅通过组建宣传队、召开会议、创办《红星》等报刊、印发标语传单和鼓动口号，还通过动员喊话、信件、戏剧、歌谣、讨论、演说、比赛、敲快板等各种方式，甚至教育感化俘虏等多种手段，对广大将士、沿途群众、敌军官兵进行宣传。宣传手段和内容也因宣传对象、地点、形势变化而不断调整，显示了高度的灵活性。比如，红军到达苗族聚居地后，在1934年12月，发布的《关于我军沿途注意与苗民关系，加强纪律检查的指示》就将“打土豪，分田地”口号调整为“不打苗民土豪，不杀苗民有信仰的甲长、乡长”。又如，“抗日反蒋”是长征初期红军宣传的主要内容，但是随着中日民族矛盾上升为主要矛盾，红军的宣传也及时进行了调整。1936年3月下旬，晋西会议的报告就没有再用“抗日反蒋”的口号，而是“抗日反卖国贼”。再如，针对西北的张学良部队的特殊经历，以及官兵的特殊思乡之情，提出的口号是：“一、爱国的奉军官兵弟兄，联合抗日红军打回东北去！……三、爱国的奉军官兵，联合抗日红军打日本帝国主义去！四、奉军官兵弟兄是爱国的，我们抗日红军是救国的，爱国和救国的联合起来一致抗日！”

正因为红军长征途中多样灵活、具体有效的宣传工作，才保住了中国革命的中坚力量，教育动员了群众，分化瓦解了敌军，从而取得了长征的胜利，并为中国革命的最后胜利奠定了基础。

——马小永：《长征期间红军的宣传工作》，
湖北党史网2016年10月11日

（四）新时代理论宣讲工作的目标要求

“宣传思想阵地，我们不去占领，人家就会去占领。”[①] 新时代党

① 《习近平关于社会主义精神文明建设论述摘编》，中央文献出版社2022年版，第67页。

的理论宣讲工作目标任务就是，巩固马克思主义在意识形态领域的指导地位，巩固全党全国各族人民团结奋斗的共同思想基础的前沿阵地。立足新时代新征程，牢牢把握开展新时代理论宣讲的目标要求，既是与时俱进发展好党的理论宣讲工作的重要举措，也是用马克思主义中国化时代化最新理论成果汇聚人心、凝聚力量和引领发展的重要保证。

1. 突出政治性，增强宣讲凝聚力

政治性是理论宣讲工作的根本特征，政治引领是理论宣讲的基本功能。理论宣讲以马克思主义理论、党的大政方针和政治主张为主要内容，具有明确的政治导向性，目的在于教育、引导、规范党员干部群众的思想行为，通过构建强烈的政治认同，激发广大党员干部群众的积极性、主动性和创造性。理论宣讲突出政治性，就要发挥好宣讲的政治引导功能，加强爱国主义教育，把爱党、爱国和爱社会主义结合起来，引导人民树立和坚持正确的历史观、民族观、国家观、文化观，不断增强中华民族的归属感、认同感、尊严感、荣誉感，厚植家国情怀、培育精神家园，对社会中的拜金主义、自由主义、享乐主义、历史虚无主义等不良思潮敢于斗争、敢于亮剑。理论宣讲突出政治性，还要始终坚持正确政治方向、价值导向，把党的政治建设摆在首位，立足学懂弄通做实习近平新时代中国特色社会主义思想，牢牢把握宣讲导向，大力宣传阐释党的基本理论、基本路线、基本方略，在大是大非问题上立场坚定、旗帜鲜明，坚定拥护“两个确立”、坚决做到“两个维护”，不断提高政治判断力、政治领悟力、政治执行力，始终在思想上政治上行动上同以习近平同志为核心的党中央保持高度一致。

2. 突出针对性，增强宣讲聚焦力

理论宣讲是做“人心”的工作，要牢固树立以人民为中心的工作导向，坚持群众在哪里，理论宣讲就跟进到哪里，紧密结合群众思想实际，面向不同受众，不断深化认识，做到由此及彼、由表及里，融会贯通、深入浅出。理论宣讲突出针对性，就是要坚持问题导向，只有善于发现问题，勇于直面问题，善于研究问题，敢于回答问题，才更有利于传递好党和政府的声音，展示好社会发展进步的正能量，反映好人民群众的心声呼声。要针对民众所反映的热点难点疑点问题，明确理论宣讲工作的重点，做到民有所呼，我有所应；民有所盼，我有所办。根据民众的不同需求，创新理论宣讲工作的内容和方式，要做到量体裁衣、分类施策、有所针对，实现“靶向供给”“精准滴灌”。要善用“小切口”解析“大道理”，用

» 2023 年 7 月 10 日，山东省青州市邵庄镇王家辇村“大槐树讲堂”宣讲现场

“小故事”反映“大时代”，多举例子、多摆事实，“听懂群众讲的话，讲群众听得懂的话”，使理论宣讲工作既有高度又接地气，既有意义又有意思，让群众爱听想听，更好地强信心、聚民心、暖人心、筑同心，让人民群众充分感受到有温度、接地气的理论。要抓好“点对点”分众宣讲，组织宣讲小分队深入人口密集的小广场、晨练点、活动室以及田间地头、农家炕头、车间班组开展宣讲，通过百姓宣讲、群众论坛等多种形式，做到长流水、不断线，切实增强宣讲聚焦力。

3. 突出理论性，增强宣讲感召力

理论宣讲是党的理论建设的重要手段，理论宣讲工作只有始终坚持科学理论的指导，才能在具体宣讲实践中将马克思主义中国化时代化理论成果和党的大政方针传递给广大干部群众，自觉树立坚定的马克思主义信仰，不断推进党的科学理论大众化。宣讲工作一旦偏离了科学理论的指导，就变成了无根之水、无本之木，亦不能成为中国共产党思想政治工作中具有独立意义的对象。宣讲工作突出理论性，就是坚持马克思主义指导地位，用贯穿其中的立场观点方法析事明理、解疑释惑、回应关切，架起科学理论与人民大众之间的桥梁，用马克思主义中国化时代化最新成果感召群众，促进广大群众在理想信念、价值理念、道德观念上紧紧团结在一起，始终与党同心同向同行。要引导广大党员干部读原著、学原文、悟原理，不断增强政治认同、思想认同、情感认同，坚持不懈推进党的创新理论通俗化、大众化，推动理论“传”入千家万户，“播”到田间地头，“走”进人们心坎。要坚持平实务实、昂扬向上的基调，既全面又准确、既严谨又生动，不断提高理论宣讲质量和水平，唱响主旋

律、弘扬正能量、奏响时代最强音。

4. 突出创新性，增强宣讲吸引力

理论宣讲工作突出创新性，首先要找准问题症结，破解发展瓶颈，大力推进观念理念、体制机制、方法手段、平台载体等各方面的创新，使各项工作更好地体现时代性、把握规律性、富于创造性。要创新内容形式，以人民群众日益变化的生活实际为宣讲素材的鲜活来源，坚持贴近实际、贴近生活、贴近群众，找准理论服务人民的着力点，做到人民群众关心什么我们就聚焦什么、广大百姓困惑什么我们就解答什么，用真情实感讲故事，深入浅出讲道理，弘扬清新朴实、生动鲜活、说理深刻的文风，持续推出有思想、有温度、有品质的通俗理论产品。要创新方式方法，大力探索创新传播方式、表现形式，善于运用群众乐于参与的方式，采取富有时代特色、体现实践要求的方法，充分运用网络新技术新应用，把博大精深的理论"讲透""讲薄"，不断增强理论宣讲的实际效果，切实增强宣讲吸引力。要创新平台载体，积极利用互联网探索新型宣讲模式，将宣讲场地搬进网络、搬进直播间，充分运用各种网络平台打造"永不落幕的讲堂"，增强宣讲吸引力。

5. 突出广泛性，增强宣讲覆盖力

济济多士，乃成大业；人才蔚起，国运方兴。突出宣讲工作的广泛性，根本在于增强宣讲队伍的广泛性，使人人能做宣讲员。做好新时代理论宣讲工作，关键在人、在队伍，拥有一支高素质的宣讲队伍是强化理论宣讲工作的必要条件，只有队伍强起来，理论宣讲工作的开展才能畅通无阻。要不断扩大宣讲队伍，扩大选人范围，

坚持“不拘一格降人才”，注重吸纳各个年龄层次的优秀专业人才投身理论宣讲事业，着力打造年龄梯次配备、专业优势互补、来源渠道广泛的专兼职结合的基层理论宣讲小分队。坚持党管人才，充分调动各级党委讲师团理论宣讲的积极性和创造性，建设一支政治过硬、本领高强、求实创新、能打胜仗的宣讲“铁军”。理论根植于群众，推动党的创新理论大众化也需要最广泛发动群众、赢得群众、依靠群众。因此，必须打破过去单向理论灌输的“独角戏”模式，让群众主动上台讲，改变过去只当配角不当主角的模式，构建起多元化、分层次、广覆盖的宣讲格局。要让身边人讲身边事，才能更好地促进理论传播，更有效地说服群众，推动党的创新理论走深、走实。

6. 突出实效性，增强宣讲影响力

2020 年 1 月，习近平总书记在云南考察艾思奇纪念馆时明确指出：“新时代坚持和发展中国特色社会主义，需要大批能把马克思主义中国化讲好的人才，讲人民群众听得懂、听得进的话语，让党的创新理论‘飞入寻常百姓家’。”[①] 然而，当前理论宣讲工作与群众之间仍然相隔甚远，内容脱离群众、形式难以吸引群众的问题仍然存在。理论宣讲要想突出实效性，就必须坚持创新精神，在宣讲主体、宣讲内容等多方面贴近群众、赢得群众，不断提升吸引力、感染力、影响力，切实推动党的创新理论走进千家万户。要推动宣讲主体能力提升，广泛开展各类培训，使宣讲者政治素质和业务能力得到全

① 《习近平春节前夕赴云南看望慰问各族干部群众　向全国各族人民致以美好的新春祝福　祝各族人民生活越来越好祝祖国欣欣向荣》，《人民日报》2020 年 1 月 22 日。

面提升，推动理论宣讲工作走深走实，而不仅仅是“蜻蜓点水”“走马观花”。要推动宣讲内容具象、丰富，把党“想讲的”与群众“想听的”结合起来，坚持以需求为导向，深入群众生活、深入群众实践，捕捉群众的“关心点”“兴趣点”，挖掘理论与群众生活的交集处，让理论宣讲工作紧跟群众需求变化，改善宣讲内容供给，把“阳春白雪”演奏成“下里巴人”，以“小切口”剖析“大问题”，以“小议题”阐释“大命题”，以“小故事”讲好“大道理”，让“高大上”的理论冒着人间“烟火气”，让理论宣讲能解好群众真疑真惑，使党的创新理论能够有效地服务群众、武装群众、引导群众、影响群众。

时代风采

小故事　大道理

善于讲故事是古今中外著名政治家、思想家的共同特点，更是中国共产党领袖的过人本领。习近平总书记就是善讲故事的大家。无论是会议发言、调研谈话，还是出访演讲、报刊文章，他都善于用故事来打动人、说服人、启示人和引导人，深刻彰显“中国故事第一主讲人”的实践智慧与领导风格。

在主政浙江时，习近平同志曾引用经济学中的“木桶理论”，用以说明要把补足短板、协调发展融入改革发展实践中的道理，深刻阐释了协调发展的重要性。2014 年 2 月在接受俄罗斯电视台专访时，他又进一步以“十个指头弹钢琴”为比喻形象地阐述了协调发展的内涵。除此以外，在浙期间，在论及发展问题时，他还借用“地瓜理论”，非常生动形象地描述“跳出浙江发展浙江”的现象。在中国文联十大、中国作协九大开幕式上，他引用路遥的座右铭“像牛一样劳动，像土地一样奉献”，引导文艺创作，寄语文艺力量。2013年9月，在出席二十国集团领导人第八次峰会期间，在会见德国总理默克尔时，他用“牛顿力学三定律”来阐述中德关系的大方向、新机遇和新问题。考虑到默克尔是物理学博士出身，从政之前一直是科研工作者，这里以牛顿力学为喻，既是对西方文化的合理发挥，也体现出对默克尔学养的尊重，更能增进对方对中德关系健康发展的认同与理解。

从“最忆是杭州”所传递的中国“不是要营造自己的后花园，而是要建设各国共享的百花园”的新机制新倡议，“瀛台夜话”对中国百年梦想的言叙，到“时间都去哪儿了”“蛮拼的”，以及“APEC蓝”“纸牌屋”等对新语汇的灵活运用，每一热词背后都展开着生动的“中国故事”。不仅展现了习近平总书记思想的力量，而且使人能够深切感受到“中国故事”的灵性智慧和风格。

——朱永刚：《“中国故事”的智慧与力量——读〈习近平讲故事〉》，《中国纪检监察报》2018年6月5日

四

众音协奏谱妙曲

——开展新时代理论宣讲工作讲什么？

2018年8月，习近平总书记着眼中华民族伟大复兴战略全局和世界百年未有之大变局，为宣传思想文化工作者提出了举旗帜、聚民心、育新人、兴文化、展形象的使命任务，擘画了做好宣传思想文化工作的蓝图，创建了新时代宣传思想文化工作大格局。理论宣讲是宣传思想文化工作的重要一环，做好新时代宣传思想文化工作，重点要在理论宣讲上下功夫、下力气。那么新时代理论宣讲工作到底讲什么？习近平总书记指出，中国特色社会主义道路“是在改革开放三十多年的伟大实践中走出来的，是在中华人民共和国成立六十多年的持续探索中走出来的，是在对近代以来一百七十多年中华民族发展历程的深刻总结中走出来的，是在对中华民族五千多年悠久文明的传承中走出来的，具有深厚的历史渊源和广泛的现实基础”[①]。无论是5000多年历史长河中积淀的深厚文化底蕴，还是百余年探索实践中积累的丰富发展经验，都是新时代理论宣讲的素材来源、重要内容，赋予理论宣讲蓬勃生机和旺盛活力。

（一）讲准看家本领之理

1939年5月，毛泽东同志在延安在职干部教育动员大会上指出，“我们队伍里边有一种恐慌，不是经济恐慌，也不是政治恐慌，而是本领恐慌”[②]，要求全体干部加强学习，增强本领。此后，中国共产党在实践中不断成长进步，努力克服“本领恐慌”。党的十八大以来，习近平总书记高度重视本领问题，强调广大党员干部“首先要认真学习马克思主义理论，这是我们做好一切工作的看家本领，也是领导干部必须普遍掌握的工作制胜的看家本领”[③]，“真正把马克思主义看家本领学到手，自觉用新时代中国特色社会主义思想指导各项工作”[④]。开展新时代理论宣讲工作首先要讲准马克思主义这一看家本领之理。

1. 讲马克思主义基本理论，掌握共产党人的必修课

2012年11月29日，在党的十八大闭幕后不久，习近平总书记和中央政治局其他常委同志参观《复兴之路》展览，当看到安放于陈列柜中的《共产党宣言》中文译本时，他讲起了陈望道翻译《共产党宣

① 习近平：《论中国共产党历史》，中央文献出版社2021年版，第22页。

② 《毛泽东文集》第2卷，人民出版社1993年版，第178页。

③ 《习近平谈治国理政》第1卷，外文出版社2018年版，第404页。

④ 习近平：《在学习贯彻习近平新时代中国特色社会主义思想主题教育工作会议上的讲话》，人民出版社2023年版，第8页。

言》的故事，阐释“真理的味道非常甜”这一观点。2018 年 4 月，在十九届中央政治局集体学习《共产党宣言》及其时代意义时，习近平总书记再次强调，“学习马克思主义基本理论是共产党人的必修课”，广大党员干部要“感悟马克思主义的真理力量，坚定马克思主义信仰，追溯马克思主义政党保持先进性和纯洁性的理论源头，提高全党运用马克思主义基本原理解决当代中国实际问题的能力和水平”。[①]

马克思创建了唯物史观和剩余价值学说，揭示了人类社会发展的一般规律，揭示了资本主义运行的特殊规律，为人类指明了从必然王国向自由王国飞跃的途径，为人民指明了实现自由和解放的道路。马克思主义是中国共产党深刻把握世界之变、时代之变、历史之变的特征规律，科学回答中国之问、世界之问、人民之问、时代之问的强大思想武器。一直以来，中国共产党高度重视马克思主义基本理论的学习，坚持把马克思主义鲜明地写在自己的旗帜上。

马克思主义思想理论博大精深、常学常新，新时代理论宣讲工作讲准看家本领之理就是要讲准马克思主义基本理论。坚持讲马克思主义关于人类社会发展规律的理论，讲述人类社会最终走向共产主义的必然趋势。坚持讲马克思主义关于坚守人民立场的理论，讲述人民性作为马克思主义最鲜明的品格的缘由。坚持讲马克思主义关于生产力和生产关系的理论，讲述解放和发展社会生产力的重要性及必要性。坚持讲马克思主义关于人民民主的理论，讲述人民当家作主的本质特征。坚持讲马克思主义关于文化建设的理论，讲先进的思想文化能够转化为强大的物质力量。坚持讲马克思主义关于社会建设的理论，讲人的全面发展，朝着实现全体人民共同富裕不

① 习近平：《学习马克思主义基本理论是共产党人的必修课》，《求是》2019 年第 22 期。

断迈进。讲马克思主义关于世界历史的理论，讲述封闭的民族历史或离散的地域历史转向普遍交往的世界历史的“历史事实”与“发展过程”。讲马克思主义关于马克思主义政党建设的理论，讲述“为绝大多数人谋利益”，为建设共产主义社会而奋斗的立场。新时代理论宣讲工作要讲准马克思主义基本理论，不断深化人民群众对共产党执政规律、社会主义建设规律、人类社会发展规律的认识，引导人民群众坚持和运用马克思主义的实践观、群众观、阶级观、发展观、矛盾观等，切实把马克思主义这个看家本领学精悟透用好。

≫ 2021 年 7 月 13 日，观众在国家图书馆参观《共产党宣言》专题展

2. 讲马克思主义中国化时代化成果，践行共产党人的庄严历史责任

1942 年 2 月，毛泽东同志在中共中央党校开学典礼上强调：“马克思列宁主义理论和中国革命实际，怎样互相联系呢？拿一句通俗

的话来讲，就是‘有的放矢’。”[①] 所谓“矢”是箭，“的”则是靶。毛泽东同志用“有的放矢”寓意“拿马列主义的箭，射中国革命诸问题的靶”。80年后，立足时代之潮，把握时代之局，顺应时代之势，习近平总书记再次强调要“坚持用马克思主义之‘矢’去射新时代中国之‘的’”[②]，不断续写马克思主义中国化时代化新篇章。

100多年来，中国共产党始终坚持用马克思主义基本原理之“矢”射准中国国情之“的”。新民主主义革命时期，中国共产党坚持以马克思主义关于无产阶级革命的观点为基础，结合中国革命现实，选择“农村包围城市，武装夺取政权”的道路。社会主义革命和建设时期，中国共产党坚持马克思列宁主义关于从资本主义到社会主义的过渡时期理论，依照中国具体情况，确定从新民主主义过渡到社会主义的路线、方法和步骤。改革开放和社会主义现代化建设新时期，中国共产党坚持马克思主义政治经济学的指导，根据中国具体国情，探索出“社会主义市场经济体制”。中国特色社会主义进入新时代，中国共产党继续在具体实践中坚持和运用马克思主义，提出了一系列新思想、新观点、新论断，开辟了马克思主义中国化时代化新境界。

新时代理论宣讲工作讲准看家本领之理，不仅要讲马克思主义是立党立国、兴党兴国的根本指导思想，更要讲马克思主义基本原理同中国具体实际相结合、同中华优秀传统文化相结合的理论成果。要讲马克思主义中国化的第一次理论飞跃，讲以毛泽东同志为主要代表的中国共产党人关于中国民主革命新民主主义向社会主义过渡、社会主义建设的一系列重要思想，讲好毛泽东思想活的灵魂

① 《毛泽东选集》第3卷，人民出版社1991年版，第819页。

② 《习近平谈治国理政》第4卷，外文出版社2022年版，第30页。

即“实事求是、群众路线、独立自主”。要讲马克思主义中国化的第二次理论飞跃，讲改革开放以来，以邓小平同志为主要代表的中国共产党人关于“什么是社会主义、怎样建设社会主义”根本问题的研究，讲好邓小平理论；讲以江泽民同志为主要代表的中国共产党人对“建设什么样的党、怎样建设党”时代之问的回答，讲好“三个代表”重要思想；讲以胡锦涛同志为主要代表的中国共产党人对“实现什么样的发展、怎样发展”时代课题的探索，讲好科学发展观。要讲马克思主义中国化的第三次理论飞跃，讲中国特色社会主义进入新时代，以习近平同志为核心的党中央对“新时代坚持和发展什么样的中国特色社会主义、怎样坚持和发展中国特色社会主义，建设什么样的社会主义现代化强国、怎样建设社会主义现代化强国，建设什么样的长期执政的马克思主义政党、怎样建设长期执政的马克思主义政党”等的认识，讲好马克思主义中国化时代化的最新成果，突出讲好习近平新时代中国特色社会主义思想，让马克思主义在中国大地上展现出更强大、更有说服力的真理力量。

文献阅读

在延安在职干部教育动员大会上的讲话（节选）

（一九三九年五月二十日）

在部队中发命令，这是威风，但光有威风而没有本领是无用的。我们的八路军、新四军和游击队，所有的干部，在有威风之外，还要有本领，这就要学习。现在我们的有些战士，他们识字比营长识得多，他们从前一个字也不认识，现在能认得五百、一千、二千、三千，能写短短的文章，登在墙报上。我们的营长、连长，在指导员上课的时候，不去听课，他们以为这课是战斗员听的，他们去听，未免要“失格”了！为了要维持“格”，结果，他们不但文章不会做，许多东西都不知道，战士反而比他们高明。因此，我们队伍里边有一种恐慌，不是经济恐慌，也不是政治恐慌，而是本领恐慌。过去学的本领只有一点点，今天用一些，明天用一些，渐渐告罄了。好像一个铺子，本来东西不多，一卖就完，空空如也，再开下去就不成了，再开就一定要进货。我们干部的“进货”，就是学习本领，这是我们许多干部所迫切需要的。我们的干部要使工作做得好，就要多懂一点，单靠过去懂的一点还不够，那只是一知半解，工作虽然可以做，但是要把工作做得比较好，那就不行，要工作做得好，一定要增加他们的知识。无论党、政、军、民、学的干部，都要增加知识，才能把工作做得更好。

——《毛泽东文集》第2卷，人民出版社1993年版，第178页

（二）讲深党的创新之道

21世纪之初，习近平同志曾发文指出，我们要以西方经济学理论为基础，“通过这种学习、借鉴，能够在我们已经具有的经济、政治、文化、历史、哲学等传统的基础上，创立一门社会主义的发展经济学，这是历史的呼唤、时代的期盼，我们期望着社会主义发展经济学能够‘花开枝头’、‘红杏出墙’！”[①] 中国共产党百年历史是一

① 习近平：《发展经济学与发展中国家的经济发展——兼论发展社会主义市场经济对发展经济学的理论借鉴》，《福建论坛》2001年第9期。

部不断推进马克思主义中国化时代化的历史，是一部不断推进理论创新、进行理论创造的历史。新时代理论宣讲要引导广大党员干部群众深入学习贯彻习近平新时代中国特色社会主义思想，深刻领悟党的创新理论的道理、学理、哲理，坚持好、运用好贯穿其中的立场观点方法，切实把党的创新理论贯彻落实到工作各方面全过程。

1. 讲习近平新时代中国特色社会主义思想的丰富内涵和重要贡献

2018 年，习近平主席到访阿联酋。阿布扎比王储穆罕默德事先向中方提出一个请求：希望主席访问时，签名赠送两本阿文版的《习近平谈治国理政》。一本收藏在总统府图书馆，另一本自己阅读。就在习近平主席抵达阿布扎比当天，阿联酋《联邦报》发表了题为《重要的访问　最热烈的欢迎》的社论。文章说，中国发展道路给阿拉伯国家政治精英开辟了新的视野，他们应该认真研读《习近平谈治国理政》这本书，来学习中国独特的发展经验，理解如何在短时间内实现巨大的跨越式发展。[①]

党的十八大以来，《习近平谈治国理政》等著作对外出版发行并在海外热销，充分彰显了习近平新时代中国特色社会主义思想的强大影响力和感召力。习近平新时代中国特色社会主义思想是一个内涵丰富、思想深邃、系统完整的科学理论。它是当代中国马克思主义、21 世纪马克思主义，是中华文化和中国精神的时代精华，是党和人民实践经验和集体智慧的结晶，是全党全国各族人民为实现中

① 霍小光、郝薇薇：《书写携手共进、共同发展的华彩乐章——习近平主席访问中东非洲五国纪实》，《人民日报》2018 年 7 月 30 日。

华民族伟大复兴而奋斗的行动指南。习近平新时代中国特色社会主义思想集中展现了马克思主义中国化时代化的最新成果，彰显了我们党高度的理论自信和巨大的理论勇气。

新时代理论宣讲工作讲深党的创新之道，首先要讲习近平新时代中国特色社会主义思想的丰富内涵和重要贡献。党的二十大报告明确指出："十九大、十九届六中全会提出的'十个明确'、'十四个坚持'、'十三个方面成就'概括了这一思想的主要内容，必须长期坚持并不断丰富发展。"[①] 理论宣讲就是要讲"十个明确"，深入讲以习近平同志为核心的党中央对中国特色社会主义建设规律的新认识。理论宣讲就是要讲"十四个坚持"，深入讲新时代坚持和发展中国特色社会主义的基本方略、基本要求、行动纲领。理论宣讲就是要讲"十三个方面成就"，深入讲党的十八大以来以习近平同志为核心的党中央治国理政、推进新时代中国特色社会主义伟大事业取得的历史性成就。要以习近平新时代中国特色社会主义思想为理论宣讲的关键内容，向广大人民群众展示党和国家对新时代坚持和发展什么样的中国特色社会主义、怎样坚持和发展中国特色社会主义，建设什么样的社会主义现代化强国、怎样建设社会主义现代化强国，建设什么样的长期执政的马克思主义政党、怎样建设长期执政的马克思主义政党等重大时代课题的科学答案。

2. 讲习近平新时代中国特色社会主义思想的世界观和方法论

世界观，是人们观察认识、解释世界的根本观念，指的是以什

① 习近平：《高举中国特色社会主义伟大旗帜　为全面建设社会主义现代化国家而团结奋斗——在中国共产党第二十次全国代表大会上的报告》，人民出版社2022年版，第17页。

么样的根本观念观察认识、解释世界，主要回答“是什么”的问题。方法论，是人们改变世界的根本方法，指的是以什么样的根本方法改变世界，主要回答“怎么办”的问题。“学深悟透新时代中国特色社会主义思想，还必须把握这一思想的世界观、方法论和贯穿其中的立场观点方法。”[①]习近平新时代中国特色社会主义思想的世界观和方法论是研究问题、解决问题的“总钥匙”。新时代理论宣讲工作要讲深党的创新之道，就离不开这一思想的世界观和方法论，要把如何坚持好、运用好贯穿其中的立场观点方法作为重点宣讲内容，具体就是要深入讲“六个必须坚持”。

讲必须坚持人民至上，阐述人民性是马克思主义的本质属性，党的理论是来自人民、为了人民、造福人民的理论。只有站稳人民立场、把握人民愿望、尊重人民创造、集中人民智慧，才能成功指导人民认识世界和改造世界。讲必须坚持自信自立，阐述贯穿党的百年奋斗的一个基本点，就是中国的问题必须从中国基本国情出发，由中国人自己来解答。只有坚定“四个自信”，坚持对马克思主义的坚定信仰、对中国特色社会主义的坚定信念，才能不断实现新的伟大飞跃。讲必须坚持守正创新，阐述守正才能不迷失方向、不犯颠覆性错误，创新才能把握时代、引领时代。只有既坚持马克思主义基本原理不动摇、党的全面领导不动摇、中国特色社会主义不动摇，又坚持紧跟时代步伐继续发展创新，才能不断展现中国特色社会主义新时代的新气象。讲必须坚持问题导向，阐述问题是时代的声音，回答并指导解决问题是理论的根本任务。只有科学地认识、准确地把握、正确地解决每个时代独有的问题，才能把我们的

---

① 习近平：《在二十届中央政治局第四次集体学习时的讲话》，《求是》2023 年第 10 期。

社会不断推向前进。讲必须坚持系统观念，阐述用普遍联系的、全面系统的、发展变化的观点观察事物，是唯物辩证法的根本要求。只有通过历史看现实、透过现象看本质，把握好全局和局部、当前和长远、宏观和微观、主要矛盾和次要矛盾、特殊和一般的关系，不断提高战略思维、历史思维、辩证思维、系统思维、创新思维、法治思维、底线思维能力，才能推进伟大复兴中国梦的实现。讲必须坚持胸怀天下，阐述中国共产党是为中国人民谋幸福、为中华民族谋复兴的党，也是为人类谋进步、为世界谋大同的党。只有以世界眼光深刻洞察人类发展进步潮流，积极回应各国人民普遍关切，为解决人类面临的共同问题作出贡献，才能推动建设更加美好的世界。

（三）讲细百年奋进之路

2021 年 9 月 13 日，在陕西省榆林市考察调研的习近平总书记来到杨家沟革命旧址。眼前的几孔窑洞，正是当年召开“十二月会议”的地方。旧址内，一侧是影响中国历史的革命先辈群像，另一侧是会议场景的油画。习近平总书记深情凝望，久久深思，怀着崇敬之心聆听历史的回响。“历史是最好的教科书，也是最好的清醒剂。”[①] 通过不断认识和把握历史规律，我们寻找到了前进的正确方向，取得了伟大胜利。以史为镜、以史明志，知史爱党、知史爱国。新时代理论宣讲工作要细致讲党史、新中国史、改革开放史、社会主义发展史、中华民族发展史，做到学史明理、学史增信、学史崇德、学史力行，做到学党史、悟思想、办实事、开新局。

① 《习近平著作选读》第 2 卷，人民出版社 2023 年版，第 376 页。

1. 讲中国共产党的奋进史，感悟大党之先进

习近平总书记指出："党的历史是最生动、最有说服力的教科书。"[①] 中国共产党在100多年的历史进程中，带领中国人民干成了一件又一件大事，经受了一个又一个考验，取得了一项又一项成就。党史学习教育是鼓舞斗志、明确方向的重要方式，是坚定信念、凝聚力量的重要途径，是启迪智慧、砥砺品格的重要手段。新时代理论宣讲工作讲细百年奋进之路，首先要讲中国共产党百余年来的历史。以百年奋斗历程为主要宣讲内容，讲中国共产党领导人民进行新民主主义革命、推进社会主义革命和建设、实行改革开放、奋进新时代并取得伟大胜利的历史，增强继往开来走好新时代长征路的自觉性坚定性。以不变初心使命为关键宣讲内容，讲中国共产党为中国人民谋幸福、为中华民族谋复兴的坚定信念，坚持全心全意为人民服务的根本宗旨，引导广大党员干部始终牢记为了谁、依靠谁、我是谁，引导广大人民群众始终坚定拥护"两个确立"、坚决做到"两个维护"。以全面从严治党为重点宣讲内容，讲中国共产党加强自身建设的主要原因和探索历程，整体把握中国共产党加强自身建设的主要内容、主要原则，加强党的政治建设、思想建设、组织建设、作风建设、纪律建设，把制度建设贯穿其中，深入推进反腐败斗争，推动全面从严治党向纵深发展并取得重大胜利。

2. 讲新中国的奋发史，感受大国之风范

新中国史是1949年中华人民共和国成立以来，中国共产党领

① 习近平：《在党史学习教育动员大会上的讲话》，人民出版社2021年版，第2页。

导人民接续推进马克思主义中国化时代化，开辟社会主义革命和建设道路、中国特色社会主义道路，全面建设社会主义现代化国家、全面推进中华民族伟大复兴的创业史和奋斗史。新时代理论宣讲工作讲细百年奋进之路，着重要讲新中国成立70多年来的历史。全面讲述新中国的历史发展成就，深刻感知经济、政治、文化、社会、生态、国防、外交等领域发生的翻天覆地的变化，深刻感受旧貌换新颜的喜悦，深刻感悟中国共产党为什么“能”、中国特色社会主义为什么“好”、马克思主义为什么“行”的道理，从历史中找寻我们为什么能够成功、我们怎样能继续成功等问题的答案。正确讲述新中国史上的重大事件、重要会议、重要人物，引导广大人民群众正确处理改革开放前后两个历史时期等一系列重要关系，正确看待新中国史上曾经出现的曲折和失误，正确认识社会主义事业的长期性、艰巨性和光明前途，印证选择中国共产党、选择马克思主义、选择社会主义道路、选择改革开放的历史必然性。生动讲述新中国的相关概念，把“工人阶级领导的、以工农联盟为基础的人民民主专政的社会主义国家”的国体讲清楚，把“人民代表大会制度”的政体讲清晰，把社会主义初级阶段的基本路线、社会主要矛盾的变迁讲明白，为全面建设社会主义现代化国家继续努力奋斗。

3. 讲改革开放的奋斗史，感知发展之智慧

1978年10月，邓小平同志访问日本，在松下电器公司，他对公司创始人松下幸之助说，“日本企业值得我们学习的东西很多”，“希望松下的电子工业到中国去”[①]。同年12月，邓小平同志在党的十一

① 蒋永清：《邓小平开启改革开放大业》，《学习时报》2018年11月5日。

届三中全会上提出实行对内改革、对外开放的政策，正式开启中国改革开放新时期。短短的几十年时间里，我国经济高速增长，实现了由贫困到温饱再到总体小康的历史性跨越。新时代理论宣讲工作讲细百年奋进之路，关键要讲改革开放 40 多年来的历史。突出讲改革开放的历史重要性。从历史背景角度深思，讲述作为一场伟大的社会革命，改革开放是对党和国家前途命运的深刻把握，对社会主义革命和建设实践的深刻总结，对时代潮流的深刻洞察，对人民群众期盼和需要的深刻体悟。突出讲改革开放的未来必要性。讲述改革开放以来中国从站起来、富起来到强起来的伟大飞跃，中国特色社会主义迎来了从创立、发展到完善的伟大飞跃，中国人民迎来了从温饱不足到小康富裕的伟大飞跃，说明改革开放对于中国社会发展的关键性。突出讲改革开放的成功经验。习近平总书记曾用“九个必须坚持”系统总结改革开放取得巨大成就的根本原因，概括了坚持和发展中国特色社会主义的重要规律，揭示了新时代改革开放的努力方向。要以习近平总书记关于全面深化改革和扩大开放的重要论述为指导，深入讲解“九个必须坚持”的内涵和实质，深入讲解改革开放的宝贵经验。

4. 讲社会主义的发展史，感受信仰之力量

2020 年 1 月，习近平总书记提出要“学习党史、新中国史、改革开放史、社会主义发展史”①。在以往学“三史”的基础上，习近平总书记将“社会主义发展史”列入历史学习清单，进一步坚定了广

① 习近平：《在“不忘初心、牢记使命”主题教育总结大会上的讲话》，人民出版社 2020 年版，第 15 页。

大人民群众对共产主义的信仰，对中国特色社会主义的信念。新时代理论宣讲工作讲细百年奋进之路，重点要讲社会主义发展的历史。以社会主义 500 多年的发展历程为基础内容，真实讲述自 1516 年英国人托马斯·莫尔发表《乌托邦》以来世界社会主义发展经历的 6 个阶段，从源头上弄清楚社会主义从哪里来、中国特色社会主义从哪里来。以社会主义创造的丰富成果为核心内容，科学讲述马克思主义如何深刻改变了人类历史发展进程，传递马克思主义的真理力量和实践力量，认识中国人民怎样历史地选择了马克思主义、马克思主义怎样深刻地改变了中国。以社会主义事业的崇高目标为关键内容，有力讲述科学社会主义对建立一个没有压迫、没有剥削、人人平等、共同富裕的新社会的主张，对实现人的自由而全面发展的追求，有力说明社会主义、共产主义事业为何是全人类解放的事业。以社会主义背后的强大精神为重要内容，生动讲述早期空想社会主义者以及无数马克思主义者不屈不挠的献身精神；生动讲述中国革命、建设、改革的历史进程中，无数革命先辈为社会主义、共产主义事业抛头颅、洒热血的担当精神。

历史回溯

访日访美：打开对外开放大门

1978 年 10 月 22 日至 29 日，邓小平正式访问日本，这是新中国领导人对日本的首次正式友好访问。邓小平非常重视战后日本抓住有利时机实现经济腾飞的成功经验，以只争朝夕的精神参观日本现代化工厂。他感慨地说："我懂得什么是现代化了！"在乘坐新干线列车时，他说："就感觉到快，有催人跑的意思，我们现在正合适坐这样的车。"在松下电器公司，他对公司创始人松下幸之助说，"日本企业值得我们学习的东西很多"，"希望松下的电子工业到中国去"。中国要建设成为社会主义现代化强国，首先要靠自己的努力，同时要打开国门，对外开放，学习外国的一切先进经验和先进技术。因此，邓小平说，他这次到日本来，是抱着向日方请教的态度来的。

1979年1月28日至2月5日，邓小平对美国进行了为期9天的"旋风访问"。在这9天的时间里，他同样实地考察体验了美国先进的科学技术和管理经验，虚心地表示美国"有许多东西值得我们借鉴，我们愿意向你们学习"。他参观了福特汽车公司的一个汽车装配厂，称赞其先进技术，预言中国汽车工业20年后将见到成绩。他参观了波音747飞机装配厂，结束时表示："看到了一些很新颖的东西。"中国的对外开放就这样在世界格局的变化中扬帆启程。

——蒋永清：《邓小平开启改革开放大业》，《学习时报》2018年11月5日

（四）讲明党纪国法之规

2018年8月，习近平总书记在中央全面依法治国委员会第一次会议上的重要讲话中引用历史故事，生动说明法治的重要性。习近平总书记指出："春秋战国时期，法家主张'以法而治'，偏在雍州的秦国践而行之，商鞅'立木建信'，强调'法必明、令必行'，使秦国迅速跻身强国之列，最终促成了秦始皇统一六国。汉高祖刘邦同关中百姓'约法三章'，为其一统天下发挥了重要作用。汉武帝时形成的汉律六十篇，两汉沿用近四百年。唐太宗以奉法为治国之重，一部《贞观律》成就了'贞观之治'；在《贞观律》基础上修订

而成的《唐律疏议》，为大唐盛世奠定了法律基石。”[①] 历史已经证明法治是国家发展的重要保障，新时代理论宣讲工作要讲明白党纪国法之规，“更好发挥法治固根本、稳预期、利长远的保障作用，在法治轨道上全面建设社会主义现代化国家”[②]。

1. 讲习近平法治思想，让全面依法治国拥有根本遵循和行动指南

从河北、福建、浙江到上海，从依法治县、依法治市到依法治省，习近平总书记在地方从政历程中，对法治的尊崇和践行一以贯之。2020 年 11 月，中央全面依法治国工作会议首次提出习近平法治思想，明确了全面推进依法治国的总目标，坚定了走中国特色社会主义法治道路的信心，彰显了社会主义法治的价值旨归，揭示社会主义法治的力量泉源。新时代理论宣讲工作讲明党纪国法之规，要把习近平法治思想作为首要讲述内容，特别是要讲好习近平总书记关于全面推进依法治国的“十一个坚持”，即讲坚持党对全面依法治国的领导；坚持以人民为中心；坚持中国特色社会主义法治道路；坚持依宪治国、依宪执政；坚持在法治轨道上推进国家治理体系和治理能力现代化；坚持建设中国特色社会主义法治体系；坚持依法治国、依法执政、依法行政共同推进，法治国家、法治政府、法治社会一体建设；坚持全面推进科学立法、严格执法、公正司法、全民守法；坚持统筹推进国内法治和涉外法治；坚持建设德才兼备的

---

① 习近平：《论坚持全面依法治国》，中央文献出版社 2020 年版，第 226 页。

② 习近平：《高举中国特色社会主义伟大旗帜　为全面建设社会主义现代化国家而团结奋斗——在中国共产党第二十次全国代表大会上的报告》，人民出版社 2022 年版，第 40 页。

高素质法治工作队伍；坚持抓住领导干部这个“关键少数”。紧紧围绕“努力使尊法学法守法用法在全社会蔚然成风”[①] 这一新要求，以“十一个坚持”为主要宣讲内容，深刻把握习近平法治思想的核心要义，深入理解全面依法治国的政治方向、重要定位、工作布局、重点任务、重大关系、重要保障，推进全民普法工作守正创新，引导全社会坚定不移走中国特色社会主义法治道路。

2. 讲中华人民共和国的宪法法律法规，让每个公民懂法守法

1954 年 9 月 20 日，第一届全国人民代表大会第一次会议通过了《中华人民共和国宪法》。这部宪法以人民民主和社会主义两大原则为统领，规定了我国的国体、政体、国家机构、公民基本权利和义务等，初步实现了人民民主和社会主义民主法律化制度化。此后根据宪法，我们不断完善中国特色社会主义法律体系。新时代理论宣讲工作讲明党纪国法之规，要把中华人民共和国的宪法法律法规作为重点讲述内容。要讲宪法，讲到位宪法是国家的根本法，是治国安邦的总章程，具有最高的法律地位、法律权威、法律效力，引导广大人民群众学习宪法、尊崇宪法、遵守宪法、维护宪法、运用宪法，在全社会弘扬宪法精神。要讲民法典，讲透彻民法典关于民事活动平等、自愿、公平、诚信等基本原则，关于坚持主体平等、保护财产权利、便利交易流转、维护人格尊严、促进家庭和谐、追究侵权责任等基本要求，促进民法典的正确运用、合理运用、充分运用。要讲基本法律法规，讲细致关于公平竞争、激发市场主体活力、

① 习近平：《高举中国特色社会主义伟大旗帜　为全面建设社会主义现代化国家而团结奋斗——在中国共产党第二十次全国代表大会上的报告》，人民出版社 2022 年版，第 42 页。

知识产权保护等与推动高质量发展密切相关的法律法规，服务强国发展建设；讲细致总体国家安全观和国家安全法、刑法、治安管理处罚法等与社会治理现代化密切相关的法律法规，回应人民在食品药品安全、社区管理服务、防治家庭暴力、个人信息保护等领域的需求，依法保障社会稳定和人民安宁。

3. 讲中国共产党的党章党规党纪，让每位党员正身立行

1859 年 5 月，马克思在致恩格斯的信中指出，“必须绝对保持党的纪律，否则将一事无成”[①]。100 多年后，习近平总书记同样强调，“每一个共产党员特别是领导干部都要牢固树立党章意识，更加自觉地学习党章、遵守党章、贯彻党章、维护党章，用党章党规党纪约

江苏省宜兴市打造的沉浸式理论宣讲节目《新思想直播间》直播场景

① 《马克思恩格斯全集》第 29 卷，人民出版社 1972 年版，第 413 页。

束自己的一言一行”①。一直以来，学习党章党规党纪是做好一名合格党员的基础要求。新时代理论宣讲工作讲明党纪国法之规，要把中国共产党的党章党规党纪作为关键内容。要讲党章，党章是党的总章程，是党的根本大法，是全党必须遵循的总规矩。通过宣讲党章，帮助广大党员干部全面掌握党的性质和宗旨、党的理论和路线方针政策、党的重要主张，全面了解党的重要制度和体制机制，确保广大党员干部严格遵守党章各项规定，坚决维护党章的权威性和严肃性。要讲党内法规，党内法规是体现党的统一意志、规范党的领导和党的建设活动、依靠党的纪律保证实施的专门规章制度，其中党章是最根本的党内法规。通过宣讲党内法规，明确全党在政治方向、政治立场、政治言论、政治行动方面必须遵守的刚性约束，在全党范围内绷紧纪律之弦，强化规矩意识，立起明法知度守纪的底线标准。要讲党内传统，讲在长期实践中形成的优良传统和工作惯例，讲述经过百余年来一代代共产党人的实践检验，约定俗成、行之有效的政治思想觉悟、优良作风、执政理念、正直品格等。

（五）讲透道德品质之范

在陕西，掏光身上积蓄、脱下身上外套，对街上讨吃老汉倾囊相助；在福建，深情回复恩师“老师的恩情我是永远不会忘记的”；在浙江，为敬老院的老人们炒菜，陪他们唠家常、摸被褥厚不厚、走进洗浴间试水温……一直以来，习近平总书记身体力行，生动诠释了乐于助人、尊师敬长、尊老爱老等传统美德、优良品质。新时

---

① 《习近平在二十届中央纪委二次全会上发表重要讲话强调　一刻不停推进全面从严治党　保障党的二十大决策部署贯彻落实》，《人民日报》2023 年 1 月 10 日。

代理论宣讲工作要讲透彻道德品质之范，尤其是讲透彻社会主义核心价值观。社会主义核心价值观是社会主义先进文化的精髓，是当代中国精神的集中体现，凝结着全体人民共同的价值追求，体现着社会主义核心价值体系的根本性质和基本特征，是社会主义核心价值体系的高度凝练和集中表达。

1. 讲国家层面的价值目标，把握社会主义初级阶段的奋斗方向

新时代理论宣讲工作，要坚持讲国家层面的价值目标。讲“富强”之新意，新时代理论宣讲要讲富强是人民共同富裕和国家繁荣强盛的有机统一，是和平发展与共享共赢的崭新模式；要讲富强不崇尚弱肉强食的丛林法则，不认同“国强必霸”的陈旧逻辑，而是希望与世界各国和睦相处、和谐发展，共谋和平、共享和平。讲“民主”之内涵，新时代理论宣讲要讲我们追求的民主，是真实的民主，没有门槛，要使每个人都享有平等的政治权利；是广泛的民主，充分反映和协调各方面的意愿和利益；是高效的民主，既真切全面地反映人民意愿，又致力于尽快形成统一意志、统一行动；是丰富的民主，保证人民依法实行民主选举、民主决策、民主管理、民主监督。讲“文明”之目标，新时代理论宣讲要讲我们倡导的文明，是追求全方位的发展进步；是以人为本的核心理念的矢志坚持；是物质文明、政治文明、精神文明、生态文明和制度文明的有机统一；是既不推崇“西方文明至上论”也不搞“历史虚无主义”、既不妄自尊大也不妄自菲薄的创新姿态。讲“和谐”之理念，天人合一、协和万邦、和而不同，和谐蕴含了中国人的生存智慧，体现着中国人的精神基因，也昭示着中国人的社会理想。新时代理论宣讲要讲和谐的中国，是民主与法治相统一、公平与效率相统一、活力与秩序

相统一、人与自然相统一的社会主义国家；和谐的中国，秉持世界持久的和平理想，心系人类繁荣的共同命运，担当永续发展的历史责任。

2. 讲社会层面的价值取向，理解社会主义社会的基本属性

新时代理论宣讲工作，要坚持讲社会层面的价值取向。讲“自由”之特性，人的自由全面发展，是社会主义区别于其他社会形态的本质属性。讲清楚我们所倡导的不是少数人的、形式上的、虚伪的自由，而是绝大多数人的、实质上的、真实的自由；不是凌驾于社会利益之上的、绝对的个人自由，而是受到法律和规范制约、权利和义务对等的自由；不是超越发展阶段和现实承受能力的自由，而是与一定的经济社会发展条件相适应的自由。讲“平等”之追求，讲清楚我们倡导的是兼顾效率与公平的平等，不是“不患寡而患不均”的绝对平均主义；是实实在在的平等，不是落在法律字面上的“形式上的平等”；是要让人人都能公平行使社会权利、履行社会义务、分享社会成果的平等。讲“公正”之方法，讲清楚我们倡导的不只是强调机会平等和程序正义的公正，而是兼顾结果正义，体现在社会生活各个领域、各个层次、各个方面的公正，最终目的在于将最广大人民的根本利益作为出发点和落脚点，在社会发展过程中尽最大努力实现人民的愿望、满足人民的需要、维护人民的根本利益。讲“法治”之地位，讲清楚我们倡导的法治，不是片面强调司法独立、推行“三权分立”，更不是对资本主义法治理念的照抄照搬，而是立足中国的社会现实和文化传统，坚持党的领导、人民当家作主、依法治国的有机统一，是运用人民赋予的权力，促进国家长治久安、社会安定有序、人民安居乐业的坚强柱石。

3. 讲个人层面的价值准则，遵守公民基本道德规范的核心要求

新时代理论宣讲工作，要坚持讲个人层面的价值准则。讲“爱国”之本性，引导每位公民认识爱国是民族精神的核心，把个人价值的实现同推动国家的繁荣发展对接，把人生意义的提升同增进最广大人民的福祉相连，不断加深对祖国悠久历史、灿烂文化的认同，不断增强做中国人的骨气和底气；引导每位公民将个人梦想与国家梦想紧密结合，把我们的国家建设好，把我们的民族发展好。讲“敬业”之精神，鼓励每位工作者认识敬业是职业道德的灵魂，增强事业心和责任感，追求崇高的职业理想，激发积极进取的奋斗热情，秉持认真负责的职业态度，锻造严谨细致的工作作风，让敬业成为实现梦想的动力之源，以那么一股子干劲、拼劲、闯劲，续写中国奇迹，靠辛勤劳动、诚实劳动、创造性劳动，开创美好未来。讲“诚信”之品质，指引每个社会之人认识诚信是公民道德的基石，赞美以诚待人、以信取人，呼吁说老实话、办老实事、做老实人，激发真诚的人格力量。以个人的遵信守诺，构建言行一致、诚信有序的社会；激活宝贵的无形资产，以良好的信用关系，营造“守信光荣、失信可耻”的风尚，增强社会的凝聚力和向心力。讲“友善”之美德，倡导广大人民群众认识友善是公民德行的光谱，与人为善、与物为善，要善待亲人以构建和谐家庭关系、善待他人以构建和谐人际关系、善待万物以形成和谐自然生态，传承“己所不欲，勿施于人”“四海之内皆兄弟”等广聚爱心、乐善好施的品德，致力于打造充满爱的友善世界。

（六）讲活中华文化之根

蜀地眉山，东坡故里，百年银杏、千年黄葛，生机盎然。踏入

祠内，红墙环抱、碧水萦绕、翠竹掩映，此地名曰“三苏祠”。三苏祠记载了三苏生平、主要文学成就和家训家风，以及三苏祠历史沿革、东坡文化研究传承等。2022 年 6 月 8 日，习近平总书记在四川视察时来到三苏祠，他指出：“一滴水可以见太阳，一个三苏祠可以看出我们中华文化的博大精深。我们说要坚定文化自信，中国有‘三苏’，这就是一个重要例证。”从毛泽东同志一生用心攻读“四书五经”等经典古籍，到习近平总书记登古城、访书院、寻文脉，一直以来中国共产党人以无比坚定的文化自信，带领中国人民阔步行进在中华民族伟大复兴之路上。

1. 讲中华文明的突出特性，着力塑造现代文明大国形象

2023 年 6 月，习近平总书记在文化传承发展座谈会上，以连续性、创新性、统一性、包容性、和平性 5 个关键词对中华文明的突出特性作出精准提炼和系统总结。这一重大论断，科学概括了中华文明有别于其他文明的独特性，对于坚定文化自信自强，更好担负起新时代新的文化使命，扎实推进中华民族现代文明和社会主义文化强国建设，具有重要现实意义和深远历史意义。新时代理论宣讲工作讲活中华文化之根，首先需要深刻讲述中华文明的突出特性。以百万年的人类史、1 万年的文化史、5000 多年的文明史，以中华民族在政治、经济、社会、文化等各个领域长期形成的历史传承，以中国人民走过的发展道路、积累的政治经验、形成的政治原则，讲中华文明突出的连续性。以“分封制”“三省六部制”“科举考试”等有关国家治理的各项政策制度，以从先秦时代的《诗经》《楚辞》到汉赋、魏碑、唐诗、宋词、元曲以至明清时代的文化艺术，以古代“四大发明”、万里长城、《本草纲目》等伟大创造，

山东省“尼山讲堂”宣讲中华优秀传统文化

讲中华文明突出的创新性。以各民族共同开拓的辽阔疆域、“大一统”的历史传统、从“书同文”到今天的推广国家通用语言文字等讲各民族文化上的相互借鉴、经济上的相互依存、情感上的相互亲近，讲国土不可分、国家不可乱、民族不可散、文明不可断的共同信念，讲中华文明突出的统一性。以天下大同、协和万邦等传统理念，以张骞出使西域、郑和下西洋、丝绸之路、茶马古道、民族走廊等思考探索，以“构建人类命运共同体”、共建“一带一路”、“三大全球倡议”等新时代发展创新，讲中华文明突出的包容性。以对“兵者，国之大事，死生之地，存亡之道，不可不察也”的慎战不战的倡导，以对“君子和而不同，小人同而不和”的处事风格的主张，以对“天人合一”“道法自然”的治理之道的倡导，讲中华文明突出的和平性。

2. 讲“两个结合”的深刻意义，用好取得成功的最大法宝

党的十八大以来，习近平总书记站在坚持和发展马克思主义和中华优秀传统文化的全局高度，强调要把马克思主义基本原理同中国具体实际相结合、同中华优秀传统文化相结合。新时代理论宣讲工作讲活中华文化之根，要着重讲马克思主义基本原理同中华优秀传统文化的结合。讲为何要进行“第二个结合”。党的二十大提出要开辟马克思主义中国化时代化新境界，与此同时，“中华优秀传统文化是中华文明的智慧结晶和精华所在，是中华民族的根和魂，是我们在世界文化激荡中站稳脚跟的根基”[①]。通过理论宣

≫ 尼山世界文明论坛国际影响力和品牌知名度不断提升，已经成为生动讲述中华文明与全球文明交流互鉴故事的重要载体。2023 年 9 月 26 日至 28 日，第九届尼山世界文明论坛在山东省曲阜市举行，来自全球 78 个国家和地区的 1500 多位专家学者齐聚孔子故里

① 习近平：《把中国文明历史研究引向深入　增强历史自觉坚定文化自信》，《求是》2022 年第 14 期。

讲，要引导广大党员干部群众认识到因为“第二个结合”，中国特色社会主义道路有了更加宏阔深远的历史纵深，中国特色社会主义道路有了更深厚的文化根基。通过理论宣讲，要引导广大党员干部群众认识到因为“第二个结合”，马克思主义能够继续取得更丰富的理论成果，马克思主义理论能够更具5000多年中华文明的厚重底蕴和鲜明的中国特色、中国传统、中华基因。通过理论宣讲，要引导广大党员干部群众认识到因为“第二个结合”，中国人民更加坚定历史自信、文化自信，更加坚持古为今用、推陈出新，中华优秀传统文化在此基础上彰显出全新的生命力和创造力。新时代理论宣讲工作讲活中华文化之根，还要讲马克思主义基本原理同中华优秀传统文化为何能进行“第二个结合”。习近平总书记指出：“马克思主义和中华优秀传统文化来源不同，但彼此存在高度的契合性。”① 通过理论宣讲，要帮助广大党员干部群众学习领悟到传统文化关于天下为公、讲信修睦的社会追求与共产主义、社会主义的理想信念的相通，讲民为邦本、为政以德的治理思想与人民至上的政治观念的相融，讲革故鼎新、自强不息的担当与共产党人的革命精神的相合。

3. 讲文化建设的崭新使命，努力建设中华民族现代文明

文化关乎国本、国运。新时代新征程，世界百年未有之大变局加速演进，中华民族伟大复兴进入关键时期，战略机遇和风险挑战并存，宣传思想文化工作面临新形势新任务，必须要有新气象新作为。习近平总书记提出“在新的起点上继续推动文化繁荣、建设文化

---

① 习近平：《在文化传承发展座谈会上的讲话》，人民出版社2023年版，第5页。

强国、建设中华民族现代文明”[①]的新时代新的文化使命。理论宣讲工作完成这个新时代新的文化使命，就要讲透文化底蕴，坚定文化自信。要深入讲中华优秀传统文化、革命文化、社会主义先进文化，讲中华优秀传统文化中蕴含的民本之道、为政之道、发展之道、用人之道、修身之道、处世之道等，讲革命文化蕴含的中国共产党的精神基因和力量源泉等，讲社会主义先进文化蕴含的现代性、世界性、未来性等。加强对中华文化的身份认同，坚持立足中华民族伟大历史实践和当代实践，用中国道理总结好中国经验，把中国经验提升为中国理论，既不盲从各种教条，也不照搬外国理论，实现精神上的独立自主。讲透文化特性，秉持开放包容。“交流互鉴是文明发展的本质要求。只有同其他文明交流互鉴、取长补短，才能保持旺盛生命活力。”[②]要在讲中华文明突出的包容性的基础上，坚持讲开放包容对推动文化繁荣昌盛的关键作用，对实现中华文明绵延不绝的重要作用，以及对建设中华现代文明的必要作用；坚持讲开放包容在新时代文化建设的原则，坚持取其精华、去其糟粕，充分吸收外来文化的优良成果，但“决不能生吞活剥地毫无批判地吸收”[③]。讲透文化使命，坚持守正创新。“对文化建设来说，守正才能不迷失自我、不迷失方向，创新才能把握时代、引领时代。”[④]要坚持讲中华优秀传统文化的创造性转化、创新性发展，讲以“人类命运共同体”“中国式现代化”等为代表的中华传统文化元素的理论创新，讲以北京冬奥会、《唐宫夜宴》等为代表的中华传统文化的实践创新，让人民群众不断增强对中

① 习近平：《在文化传承发展座谈会上的讲话》，人民出版社 2023 年版，第 10 页。
② 习近平：《习近平外交演讲集》第 2 卷，中央文献出版社 2022 年版，第 197 页。
③ 《毛泽东选集》第 2 卷，人民出版社 1991 年版，第 707 页。
④ 习近平：《在文化传承发展座谈会上的讲话》，人民出版社 2023 年版，第 11 页。

华优秀传统文化的认同感、自豪感、责任感。

（七）讲好模范典型之例

任何一个时代都需要榜样的引领，任何一个时期都需要典型的带动。“榜样的力量是无穷的。善于抓典型，让典型引路和发挥示范作用，历来是我们党重要的工作方法。实践证明，抓什么样的典型，就能体现什么样的导向，就会收到什么样的效果。”① 中国共产党善于用典型的力量教育人、引导人、带动人。思想之光照亮前路，文化自信繁花似锦。新时代理论宣讲工作应当用力讲好模范典型事迹，着力将模范典型的力量融入中国特色社会主义伟大事业、融入人民创造历史的伟大奋斗，努力激励全党全军全国各族人民开拓进取、建功立业，汇聚起昂扬奋进的磅礴力量。

1. 讲模范典型之事迹，在心理上有“感动”

2019 年 9 月 29 日，在中华人民共和国成立 70 周年之际，习近平总书记向国家勋章和国家荣誉称号获得者分别授予“共和国勋章”“友谊勋章”和国家荣誉称号奖章。新时代理论宣讲工作要讲好这些为国家建设和发展建立卓越功勋的杰出人士事迹，讲他们在科学技术领域作出的卓越贡献，讲他们为建立、保卫新中国作出的重大贡献，讲他们为构建人类命运共同体作出的巨大贡献，讲他们为人民幸福、民族复兴、人类进步、世界大同作出的突出贡献。2021 年 6 月 27 日，在中国共产党成立 100 周年之际，习近平总书记在向“七一勋章”获得者颁授勋章并发表重要讲话时强调：“一百年

① 习近平：《之江新语》，浙江人民出版社 2007 年版，第 212 页。

来，一代又一代中国共产党人，为赢得民族独立和人民解放、实现国家富强和人民幸福，前仆后继、浴血奋战，艰苦奋斗、无私奉献，谱写了气吞山河的英雄壮歌。”① 新时代理论宣讲工作要讲好这些在中国特色社会主义伟大事业和党的建设新的伟大工程中作出杰出贡献的党员事迹，讲他们为党和人民事业作出的默默奉献，讲他们为广大人民根本利益进行的拼搏奋战，讲他们危难时刻挺身而出的无所畏惧。一直以来，社会各行各业不断涌现时代英模人物，他们不仅有勇攀科学高峰的国之栋梁，还有在本职业务认真钻研的单位标兵，在平凡岗位奉献自我的无名英雄，在危急关头挺身而出的道德模范。新时代理论宣讲工作要讲这些“两优一先”、劳动模范和先进工作者等的先进事迹，讲他们在抗击新冠疫情、脱贫攻坚、北京冬奥会冬残奥会等过程中的突出事迹。

2. 讲模范典型之精神，在思想上有“触动”

从“共和国勋章”“友谊勋章”和国家荣誉称号奖章获得者到各部门、各地方表彰奖励获得者，这些模范典型是有形的正能量，也是鲜活的价值观。新时代理论宣讲工作要透过光辉事迹，讲好模范典型之精神，让广大人民群众不断感受中国共产党人坚定信念、践行宗旨、拼搏奉献、奋勇向前的高尚品质和崇高精神，不断增强以更饱满的热情、更坚决的行动、更顽强的斗志投入到全面建设社会主义现代化国家新征程中的决心和力量。新时代理论宣讲工作要生动阐述模范典型的为民情怀，讲他们想群众之所想、急群众之所急，在实际行动中对“为人民服务”这一誓言的践行；讲他们在任何时

① 习近平：《在“七一勋章”颁授仪式上的讲话》，人民出版社 2021 年版，第 2 页。

候都把群众利益放在第一位，在新时代新征程中对“人民对美好生活的向往，就是我们的奋斗目标”这一承诺的遵守。新时代理论宣讲工作要生动阐述模范典型的家国情怀，讲他们为着力攻克事关国家安全、经济发展、生态保护、民生改善的基础前沿难题和关键核心技术的国家责任感和使命感；讲他们为使五星红旗在国际赛场上高高飘扬而顽强拼搏、奋力争先的国家荣誉感和自豪感；讲他们在国家危难、民族危亡时刻挺身而出的奋不顾身和忠诚大爱。新时代理论宣讲工作要生动阐述模范典型的担当精神，讲他们在岗位上敢挑重担、敢滚钉板、敢打硬仗，尽全力、履全职、负全责的本职担当、责任担当；讲他们在生活中“自找苦吃啃硬骨头”的难题担当、使命担当；讲他们在工作中“无论什么时候，该做的事，知重负重、攻坚克难，顶着压力也要干；该负的责，挺身而出、冲锋在前，冒着风险也要担”的大局意识和使命担当。

3. 讲模范典型之实践，在落实上有“行动”

2018 年 9 月，习近平总书记在会见四川航空“中国民航英雄机组”全体成员时强调，“学习英雄事迹，弘扬英雄精神，就是要把非凡英雄精神体现在平凡工作岗位上”[①]。学习模范典型不能只停留在心理上的“感动”以及思想上的“触动”，更要在落实上有“行动”，要把模范典型所散发的可贵品质、伟大精神贯穿到全心全意为人民服务的全过程，以实实在在的工作成效为实现中国梦夯基垒石。新时代理论宣讲工作要以模范典型之例，讲理想信念之落实，引导广

① 《习近平在会见四川航空“中国民航英雄机组”全体成员时强调 学习英雄事迹 弘扬英雄精神 将非凡英雄精神体现在平凡工作岗位上》，《人民日报》2018 年 10 月 1 日。

大人民群众牢固树立和自觉践行“四个意识”、坚定“四个自信”、做到“两个维护”，拧紧思想“总开关”、把牢政治“方向盘”，为实现中华民族伟大复兴注入源源不断的信仰力量。新时代理论宣讲工作要以模范典型之例，讲工作作风之落实，鼓励广大人民群众撸起袖子加油干，扑下身子抓落实，自觉对标先进，主动加压奋进，敢于创新竞进，扎扎实实做好改革发展稳定各项工作，努力以一流标准、一流作风创造无愧于党和人民的一流业绩。新时代理论宣讲工作要以模范典型之例，讲精神生活品质之落实，强调广大党员干部要严格自律、主动担当、积极作为，时刻坚守共产党人的精神高地，营造风清气正、干事创业的良好政治生态；引导广大人民群众树立正确的世界观、人生观、价值观，营造和谐稳定、美好幸福的社会环境。

五

群英荟萃展风采

——谁来开展新时代理论宣讲工作?

贤良之士众，则国家之治厚；贤良之士寡，则国家之治薄。习近平总书记在中央人才工作会议上强调："当前，我国进入了全面建设社会主义现代化国家、向第二个百年奋斗目标进军的新征程，我们比历史上任何时期都更加接近实现中华民族伟大复兴的宏伟目标，也比历史上任何时期都更加渴求人才。"① 做好新时代理论宣讲工作，关键在人。作为人才队伍建设的重要方面，理论宣讲队伍建设对于传播党的声音、增强国家凝聚力、维护社会主义意识形态安全、提升文化软实力等都具有重要意义。新时代新征程，必须深入贯彻落实习近平总书记关于人才工作的重要指示要求，聚各方英才、选行业良才、育宣讲专才，打造一支政治过硬、结构

---

① 《习近平在中央人才工作会议上强调　深入实施新时代人才强国战略　加快建设世界重要人才中心和创新高地》，《人民日报》2021年9月29日。

合理、素质优良的高素质理论宣讲队伍，把党的“好声音”传递到广大党员和人民群众的脑中心中，奏响新时代理论宣讲的“大合唱”。

（一）“头雁领航”：突出关键主体，打造有“高度”的宣讲队伍

人不率则不从，身不先则不信。关键主体不仅是理论宣讲的参与者，更是领导者、组织者与推动者。发挥其表率作用，使其经受思想淬炼、做好精神洗礼、带头先学先讲，坚持以上率下，层层立标杆、作示范，方可真正实现以“关键少数”带动绝大多数。

1.“带头讲”：以各级领导干部为核心，奏响理论宣讲最强音

风成于上，俗形于下。“领导机关是国家治理体系中的重要机关，领导干部是党和国家事业发展的‘关键少数’，对全党全社会都具有风向标作用。‘君子之德风，小人之德草，草上之风必偃。’在上面要求人、在后面推动人，都不如在前面带动人管用。”[①]领导干部带头讲，方可让党的理论铭记脑海、扎根心田、推进实践。各行各业领导干部在政治意识、阅历学识等方面具有显著优势，应当充分发挥“头雁作用”，躬耕于学，坚持以先进理论武装头脑、指导实践，力行做知行合一的实干家；笔耕不辍，始终深入研究阐释新观念新思想，坚持做底蕴深厚的思考者；率先垂范，积极下沉基层宣讲党的创新理论，努力做与民同行的传薪者。领导干部们唯有切实扛起政治责任，带头上讲台、走基层，多从顶层设计的高度向老百姓讲解国情、党情、社

① 习近平：《在“不忘初心、牢记使命”主题教育总结大会上的讲话》，人民出版社2020年版，第20页。

情、民情，引导基层群众全面正确地理解党的路线、方针、政策，推动党的创新理论往深里走、往实里走、往心里走，方可不断增强对党和政府的信任感，拉近与党和政府的距离，推动党的理论成果在各自工作领域落地生根、开花结果。

勤于自我沉淀，厚植理论基础。理论要透彻才能说服人，理论要通俗才能通达。习近平总书记强调："理论修养是领导干部综合素质的核心，理论上的成熟是政治上成熟的基础，政治上的坚定源于理论上的清醒。"① 这要求领导干部持续深化理论学习、提升理论素养、强化理论思维、注重理论转化。要想给别人一杯水，自己就应有一桶水。各级领导干部必须带头学、深入学、系统学，不断掌握新知识、熟悉新领域、拓宽新视野、掌握新本领、增强新能力，始终与党的理论、路线、方针、政策保持高度一致，及时把习近平总书记重要讲话、重要指示批示精神和党中央重大决策部署传递下去。在对党的创新理论持续学习基础上，要作出独立、缜密、成熟的思考。通过深入学习研究，努力使自己成为党的创新理论方面的专家，方可在更大程度上提升理论宣讲的前瞻性、深入性和权威性。

探索宣讲技巧，长于理论阐释。理论宣讲工作者是人民群众的"政治翻译"和"思想向导"。理论讲得太玄奥群众听不懂，说得太肤浅群众参不透。各级领导干部应将工作话语转化为生活话语，多讲"大众语""地方言""家常话"，多讲身边人、身边事，让人们听得懂、学得进、记得牢。宣讲 400 多场、听众超 20 万人、学习笔记近 100 万字、发表文章 60 余篇、"黄粉"遍布大江南北，他就是江

① 习近平：《在中央党校建校90周年庆祝大会暨2023年春季学期开学典礼上的讲话》，《求是》2023 年第 7 期。

苏省优秀宣传干部、南通市委宣传部原副部长、二级巡视员黄正平。作为江海大地的宣讲"名嘴"，他身体力行促进宣讲生动化、大众化。在宣讲"四个意识"时，他用"细胞有核、花开有蕊"来阐释核心意识，用"一切行动听党指挥""团结一致向前看向前进"等形象化语言阐释看齐意识。如此群众一听即明，有效提升了主流思想理论的传播力、引导力、影响力。

推动工作创新，力促理论传播。要让马克思主义中国化的最新理论成果全面覆盖，达到最广泛的传播效果，必须在工作创新上下功夫。若领导干部轻描淡写、不以为然、敷衍塞责，用旧思维旧观念对待理论学习与宣讲，那么理论学习就会走过场降八度，雷声大雨点小。新时代的理论宣讲必须充分利用新媒体传播模式的时效性、交互性和多维性等特点，坚持互动式传播与可视化传播相结合，采用富有时代感、亲近感、感染力的话语表达方式，系统性打造媒介深度融合的理论宣传新范式。各级领导干部应着力推动理论宣讲从"独角戏"变为"大合唱"，从"单兵作战"到"集团作战"，踊跃创新党的创新理论传播方式，拓展传播平台载体，让各种形式的理论宣讲百花齐放，促进理论宣讲成为宣传思想文化工作品牌的主阵地、主力军。

2. "经常讲"：以基层党组织为带动，弘扬理论宣讲主旋律

习近平总书记在党的二十大报告中强调，"坚持大抓基层的鲜明导向"，"推进以党建引领基层治理"，"把基层党组织建设成为有效实现党的领导的坚强战斗堡垒"。[①] 党的基层组织是党的全部工

① 习近平：《高举中国特色社会主义伟大旗帜　为全面建设社会主义现代化国家而团结奋斗——在中国共产党第二十次全国代表大会上的报告》，人民出版社 2022 年版，第 67 页。

作和战斗力的基础。“我们村书记与农民群众距离最近、交往交流最频繁，是村情民意的‘明白人’，自然要当好让党的声音最接地气的‘理论快递员’，让群众在我们的理论宣讲中有所收获”。山东省淄博市淄川区寨里镇邹家村党总支书记焦政源如是说。基层党组织具有与群众联系密切、能做善做群众思想工作的天然优势，让他们走进新时代文明实践站等基层宣讲阵地平台，以“高站位、小切口、接地气”的定位积极讲党课，把教育群众与服务引导群众结合起来，以群众听得懂、听得进、愿意听的实在话讲述基层好故事、传递乡村振兴好声音，用身边人讲身边理，用百姓话说百姓事，把党的创新理论融入“柴米油盐”“茶余饭后”，让理论“绵绵用力”，让共识“潜移默化”，从而有效激发基层干部群众内心的实践伟力，更加坚定听党话跟党走的信心和决心，把基层宣讲阵地建设成为团结教

2022 年 11 月 23 日，在江苏省海安市南莫镇南莫村一村民庭院，镇理论宣讲志愿者向群众宣讲党的二十大精神

育引导基层群众的精神家园。

用好多元宣讲阵地，延伸理论“触角”。基层党组织要想拓宽宣讲覆盖面，既要培育线下阵地，也要打通线上电波。一方面要充分运用新时代文明实践中心、党员活动中心、家风家训馆等重要载体来宣传党的政策。另一方面也要着力打通云端平台，把基层宣讲活动中涌现出来的先进典型、原创节目、感人故事等制作成适合新媒体传播的理论产品，放大二次宣讲效果。山东省嘉祥县致力于打造横向到边、纵向到底的县—镇—村宣讲网格，在全县各村推广“村村响”大喇叭 340 余个，宣传老百姓关心的方针政策、春耕秋收，讲接地气的方言口语、农家土话、乡音乡韵，发挥以点带面的辐射作用，通过声波网构筑“空中课堂”，实现好声音“村村有，户户闻”。

打造基层宣讲品牌，争取实力“圈粉”。注重打造高质量基层宣讲品牌，是推动习近平新时代中国特色社会主义思想在基层落地生根的创新举措。山东省沂源县充分发挥“沂源红”宣讲团牵头引领作用，打造了“声润历山”“青青沂禾”“彦夫讲堂”“语润鲁山”等 12 个特色基层理论宣讲子品牌，形成了“1+12”理论宣讲体系，“蹲”到群众中间去讲理论、说政策，持续提升群众的满意度和幸福感，探索出了宣讲工作的“沂源路径”。江苏省启东市聚力打造基层理论宣讲品牌，组建“E 启讲”理论宣讲团，遴选 60 余名理论功底扎实的青年骨干进入宣讲团，使得理论宣讲既“键对键”“屏对屏”，更“面对面”“心贴心”。

瞄准人民群众所需，统筹“定制 + 点单”。动人以言者，其感不深；动人以行者，其应必速。理论宣讲只有贴近听众，才能抓住听众、打动听众。针对不同社会群体多样化、个性化、差异化的理论需求，应开展分层次、分众化、靶向式宣讲。一方面，可以结合各大节日与重大时间节点按照“一月一主题”模式统一定制月度宣讲主题。依托春节、元宵节、端午节等重大传统节日，山东省嘉祥县开展“宣讲迎新春”“网格宣讲庆元宵”“情浓过端午　理论‘粽’相伴”等特色宣讲活动，备受群众青睐。另一方面，应精准对接群众需求，围绕其关注点、兴奋点，紧扣群众所需所感所盼，精选一批短、实、新的“微话题”，让群众“点单”后进行分类“派单”，将群众最需要的知识送到身边，将群众的疑惑解答在家门前。河北省沽源县通过“双向式”选题、“菜单式”点讲的方式，针对不同地域、不同时期、不同群体确定宣讲课题 41 个，邀请专家学者开设讲座解读理论知识，真正架起了连接党心民心的桥梁和纽带。

3.“集中讲”：以重大主题宣讲团为依托，善弹理论宣讲合奏曲

习近平总书记指出：“我们这么大一个党，领导着这么大一个国家，肩负着带领全国各族人民实现国家强盛、民族复兴这个艰巨任务，全党必须统一思想、统一意志、统一行动。怎么实现全党思想、意志、行动的统一？最根本的就是用党的基本理论武装全党。”[①] 重大主题宣讲是围绕党和国家重大会议、重大理论、重大战略等进行有组织的系列宣讲活动，在凝聚团结奋斗精神力量方面发挥着不可替代的重要作用，是宣传思想文化工作的重要组成部分。经过多年宣讲实践特别是党的十八大以来的创新突破，全国各省区市的重大主题宣讲团始终遵循宣讲工作基本规律，不断加强顶层设计，形式手

① 习近平：《在学习贯彻习近平新时代中国特色社会主义思想主题教育工作会议上的讲话》，《求是》2023 年第 9 期。

段不断多元发展，保障机制逐步健全完善，在理论宣讲工作方面日益发挥着重要作用。

清晰化定位，把牢宣讲“方向标”。重大主题宣讲团必须明确自身定位，紧紧围绕宣讲主题、抓好宣讲重点、抓准宣讲难点，紧扣中央要求掀起宣讲热潮。当前，学习贯彻习近平新时代中国特色社会主义思想主题教育正在深入开展，“学思想、强党性、重实践、建新功”是这次主题教育的总要求。围绕这样的工作要求，山东省深入开展主题教育基层宣讲活动、“学思想·明道理·用方法”送宣讲基层行、“中国梦·新时代·新使命”百姓宣讲大赛及巡回示范宣讲等宣讲活动10余万场，制作推出8期《跟总书记学方法》电视理论节目和一批高质量理论融媒产品，有效推动了党的创新理论深入基层、深入人心。党的二十大召开以来，“福小宣”宣讲团活跃在八闽大地，从军营村到下党乡，从三坊七巷到万寿岩，从木兰溪畔到武夷山下，从长汀河田镇到沙县俞邦村……他们于田间地头讲好乡村振兴故事，让基层群众听懂中国式现代化，深入浅出讲好党的创新理论，推动党的二十大精神进机关、进单位、进社区、进校园、进军营，累计开展各类基层宣讲达2万多场。

体系化培养，点燃宣讲“主引擎”。理论宣讲忌走马观花、蜻蜓点水、浅尝辄止，必须依据实际情况、真正脚踏实地、力求精准把脉，把理论讲深讲透讲活，而这也对宣讲团自身建设提出了较高要求。各主题宣讲团应健全队伍体系、内容体系、培训体系、服务体系、保障体系“五大体系”，有条件的还可进一步组建“宣讲团＋导师顾问团”队伍，进行“一对一”结对帮带，补理论、补语言、补专业，使“新手菜鸟”逐步成长为理论宣讲的“主力军”。山东省滨州市委讲师团立足工作长远，内外同向发力，通过“内部挖潜——找苗、培训强基——育苗、示范帮带——助苗、激励推动——荐苗”，多措并举助推宣讲人才队伍培育体系建设，始终坚持目标导向与效果导向，在学深理论、按需打磨、练中修改上下功夫，构建出了“学在先、需为纲、用练改”三步走的内容产出机制。

多元化交流，壮大宣讲“朋友圈”。各地组建的地域性、行业性宣讲团都各具特色、各富专长，可以定期开展交流，相互学习。以高校理论宣讲团为例，可着力在校际理论宣讲工作座谈、宣讲赛事、工作案例征集、专题学习培训等活动中与兄弟院校同类社团共同探讨、互学互鉴、取长补短，进一步拓宽视野、共同进步，有效提升宣讲成效。2023 年 10 月 21 日，“奋进新征程，立言新时代”全国高校青年宣讲论坛暨清华大学博士生讲师团成立 25 周年交流活动在清华大学举行，来自全国 47 所高校的 300 余名师生齐聚清华园，紧紧把握时代航向，牢牢抓住青年宣讲定位，不断精心打造贴合青年成长发展、以“青言青语”阐释时代之音的理论宣讲平台，探索更有“青年味”的宣讲传播途径，打造能够“火出圈”的宣讲课程作品，以联学共建让校内外理论宣讲大合唱更加响亮。

典型案例

《跟总书记学方法》电视理论节目热播

学习贯彻习近平新时代中国特色社会主义思想主题教育期间，山东省委宣传部策划推出全国首档交互式电视理论节目《跟总书记学方法》。节目在山东卫视播出后反响热烈，多次登上微博全国热搜榜，全网累计阅读量 1.1 亿次，多家权威媒体推荐转发。

全国首档交互式电视理论节目《跟总书记学方法》

节目以习近平新时代中国特色社会主义思想为指导，坚持思想性与艺术性、互动性相结合，设置《学好看家本领》《到群众中去》《中国人民有自信》《守正创新走在前》《聆听时代的声音》《下好“一盘棋”》《与世界握手》《依靠学习　走向未来》8期内容，邀请全国及省内知名理论专家担任主讲嘉宾。节目创作期间，先后赴福建、浙江、陕西、河北、湖南、河南、贵州、宁夏、北京及山东各地进行采访拍摄，节目素材累计达3500分钟，撰写相关稿件约30万字，共有20余位专家、40余位故事嘉宾、200余位演员、70余位工作人员参与节目制作。

节目除在山东卫视、山东广播电视台所属各频道播出外，还在抖音、快手、微博、视频号、百度、优酷、搜狐视频、B站、知乎等平台播出，并在重点位置推荐。闪电新闻运营微博话题阅读量超5000万次，根据节目内容提炼运营的微博话题多次登上微博全国热搜榜。2023年9月28日国家广播电视总局《广电视听评论》以整期篇幅刊文《山东卫视〈跟总书记学方法〉让党的创新理论走进千家万户》，发布评论观察文章点赞《跟总书记学方法》。

（二）“群雁齐飞”：主攻重点对象，打造有“深度”的宣讲队伍

理论宣讲是推进习近平新时代中国特色社会主义思想走心走实的重要途径，必须既立足实际又凸显特色，做到沉下来、深进去、广传播。做好新时代理论宣讲工作，不仅需要做到全方位覆盖，还需要密切关注不同群体的现实需求与思想疑难，在拓宽宣讲广度的基础上提升宣讲的深度、精度与效度。

1.“专题讲”：以专家学者为引领，重点做好面向党员干部群体宣讲

用脚步丈量荆楚大地、用眼睛发现中国精神、用耳朵倾听人民呼声、用内心感应时代脉搏，以传播真理之光为己任，把党的创新理论讲到群众的心坎里，把党和国家的各项政策和最新精神传递给千家万户，把对祖国血浓于水、与人民同呼吸共命运的情感融汇在事业追求中。他就是2022年湖北省基层理论宣讲先进个人，武汉工程大学马克思主义学院院长、博士生导师曹胜亮教授。曹教授带着党情、民情、真情，近两年广泛开展各类讲话精神宣讲80余场，逐渐形成示范宣讲、分众宣讲、文艺宣讲、网络宣讲、互动式宣讲、沉浸式宣讲等方式，在用科学理论武装广大党员干部的头脑方面作出了重要贡献。

理论创新每前进一步，理论武装就要跟进一步。党的创新理论宣讲，不能脱离讲理论本身。马克思说：“理论只要说服人，就能掌

2023 年 9 月 15 日，河北省怀安县“兴农号”宣讲队成员在王虎屯乡谷子种植基地指导农户做好田间管理

握群众；而理论只要彻底，就能说服人。”① 新时代新征程上，必须突出“两个确立”的决定性意义，更好地用习近平新时代中国特色社会主义思想统一思想、统一意志、统一行动，使之成为广大党员干部和人民群众政治上的主心骨、思想上的定盘星、行动上的指南针。作为精研精通党的理论的“活智库”，专家学者具备学科平台、学术研究、理论阐释、话语表达等多维优势。要选派具有深厚马克思主义理论功底的专家学者来讲理论，将习近平新时代中国特色社会主义思想的核心要义讲清楚，将贯穿其中的立场观点方法讲透彻，坚持以彻底的理论阐释说服听众，以辩证的学理分析引导听众，促进理论宣讲向专业化、系统化、纵深化推进。

调好“口味”，力行实地调研，促使讲述对象化。调查研究是谋

① 《马克思恩格斯选集》第 1 卷，人民出版社 2012 年版，第 9—10 页。

事之基、成事之道。只有通过调查研究，才能认清事物本质、把握事物发展规律，找准问题症结、开出有效良方，增强宣讲的针对性、科学性和有效性。认识一个真实的中国离不开基层视角和基层情怀。要想真正把准广大党员干部们的思想疑难与工作困境，最直接的方法就是下沉基层与当地的干部群众进行交流。只有迈开步子、放下架子、俯下身子，从思想情感上融入基层，让干部群众感受到被尊重、被理解，才能听到真心话、发现真问题、解答真疑惑。同时，调查研究还能使我们进一步加深对习近平新时代中国特色社会主义思想的理解，使调查研究的过程成为理论学习向实践运用转化的过程，成为转变作风、增进同群众感情的过程，使理论宣讲真正“上连天线”“下接地气”。

击中“味蕾”，精研专题内容，保证观点精准化。理论强，才能方向明、人心齐、底气足。自觉强化精准思维，积极开展精准宣讲，是有效推动新时代党的创新理论入脑入心的重要抓手。精准宣讲就是要推动实现理论供给与党员干部需求的精准对接，使理论宣讲体现时代性、尊重差异性、强调针对性、突出实效性。对准焦距，精准把握广大党员干部群体的理论需求；找准穴位，在贯穿结合融入上下功夫，在落细落小落实上下功夫；抓住要害，做到学思用贯通、知信行统一。为规范主题教育的宣讲内容、提高宣讲质量，天津市习近平新时代中国特色社会主义思想讲师团专门抽调 86 名专家学者组成主题教育理论宣传服务队，精心设计 147 个宣讲选题，主动对接全市 16 个区，注重讲道理与讲案例、讲故事相融合，推动党的声音传得更开、更广、更深入人心。

配优“菜单”，广调各方资源，实现优势最大化。为了最大限度地发挥专家学者的专业优势，为新时代理论宣讲提供有效的人才支撑，宣讲资源规模化、集约化、高效化应是下一步努力的方向。山东省近年来从全省各级讲师团、党校、高校、社科机构等中精选出 100 余名政治素质硬、理论水平高、宣讲能力强、热爱宣讲事业的优秀人才，组建起一支理论宣讲专家团队，以充分发挥社科理论专家的宣讲引领和长期带动作用。在党的二十大召开后，山东省组织开办学习贯彻党的二十大精神宣讲骨干培训班，秉持高起点规划、高层次展开的原则，邀请省内外知名专家对党的二十大精神分专题作辅导报告，进一步深化了对报告所蕴含的重要思想、重要观点、重大战略、重大举措的认识，为面向基层干部的宣传宣讲奠定了坚实的基础。

2.“示范讲”：以“五老”人员为楷模，重点做好面向青少年群体的宣讲

“竹板一打上台前，六中全会谈一谈。瑞雪兆丰六中开，举国上下齐欢庆。决议精辟好文献，总结成就与经验……”30 多名老干部宣讲员，头戴印有“同心县新时代文明实践”字样的遮阳帽，身披“不忘初心、牢记使命”的红色绶带，利落地打起快板，在同心县王团镇集市上唱响集体创作的快板书《全会精神咱宣传》。宁夏回族自治区同心县“薪火相传”老干部宣讲团秉承让红色基因与革命薪火代代相传的理念，采用群众喜闻乐见的方式，深入基层广泛宣传宣讲，促进各族干部群众手足相亲、守望相助，激发爱党爱国爱社会主义的热情，铸牢中华民族共同体意识，不忘初心使命、砥砺奋进前行。

习近平总书记对全国老干部工作作出重要指示强调：“希望广大老干部不忘初心、牢记使命，坚持老有所为、继续发光发热，弘扬党的优良传统、赓续红色血脉，讲好党百年奋斗重大成就和历史经验的故事，积极为实现第二个百年奋斗目标和中华民族伟大复兴贡献智慧

和力量。”[①] “五老”人员是党和国家宝贵的精神财富和重要的人力资源，他们亲历中国革命建设、改革发展的全过程，既接受过腥风血雨的革命考验，也经历过困苦生活的磨砺洗礼，创造了不朽的历史伟绩。青少年是祖国的未来、民族的希望。在新的形势下，为适应建设社会主义现代化强国的需要，必须帮助青少年更好地坚定理想信念，增强“四个自信”。正确认识、认真践行“五老”精神，有利于引导广大青少年弘扬“五老”精神，尊重“五老”、爱护“五老”、学习“五老”。

老干部讲理想，让青少年立下“鸿鹄志”，以理想为马，挥鞭启程。新时代青少年的精神之根就在于有理想，理想为其打上了为国家和民族不懈奋斗的灵魂烙印，标定了新时代好青年的政治属性、奋斗方向和价值取向。退休老干部们致力于将“天下事”讲成“身边事”，把“书面语”译成“土味语”，用“小切口”反映“大主题”，用“小故事”阐释“大道理”，让广大青少年在“身临其境”“感同身受”中产生共情。山东省庆云县“五老”宣讲员张洪治走进县渤海中学，给青少年讲述了渤海中学20年的栉风沐雨，结合航天英雄、“两弹一星”功勋获得者和抗美援朝等案例鼓励同学们树立远大理想，赓续红色血脉。

老战士讲担当，让青少年磨出“铁肩膀”，以担当为盾，一往无前。新时代青少年应敢于担当，勇担时代重任，具备承担责任的能力和魄力，用自己的实际行动去履行历史使命、践行责任、担当义务。护九州之地，守四海祥和，着一身戎装，担一世荣光。老战士们退伍不褪色，用热血军魂铸就“铁”字担当。江苏省泗洪县96岁

① 《习近平对全国老干部工作作出重要指示强调 用心用情精准服务 努力在平凡的岗位上创造出不平凡的业绩》，《人民日报》2021年12月22日。

的老兵张殿国，是全县为数不多的同时参加过抗日战争、解放战争、抗美援朝战争的老党员、老战士。自从工作岗位上退下来后，张殿国老英雄不惧严寒酷暑，坚持为青年志愿者、大中小学生及小区居民宣讲英烈事迹，已经整整坚持了 34 年。这些年来，张殿国老英雄开展爱国主义教育近 500 场，累计接受革命传统教育的至少有 2 万人次，广大青少年在一次次洗礼中也实现了精神升华。

老模范讲吃苦，让青少年练就“硬脊梁”，以吃苦为刃，披荆斩棘。今日的青少年沐浴着新时代的阳光雨露，享受着前所未有的幸福生活，“吃苦”的表现形式虽然发生了很大变化，但吃苦精神锤炼意志、历练才能、造就伟业的本质价值丝毫没有变。沐润浸晨露，燃烧炙骄阳。老模范们老骥伏枥，不忘用实际行动践行“离岗不离党，退休不褪色”的初心本色，充分发挥银龄先锋模范作用。募集善款 513 万元、资助 1637 位贫困学生重返校门，作为福建省劳模、宁德市首届道德模范的邓昌朝始终奔走在助学扶困之路上。他开设道德讲堂和国学讲堂专项宣讲，通过一个个“凡人善举”感动每一位听众。2015 年至今已开展 100 多场公益讲座，受益家庭达 3000 多个，社会各界好评如潮。

老专家老教师讲奋斗，让青少年当好“接班人”，以奋斗为拳，击鼓催征。奋斗是青少年实现自身人生价值的首要渠道，也是青年一代创造社会价值的主要途径。新时代青少年应当以奋斗擦亮青春底色，坚持接力奋斗、团结奋斗、艰苦奋斗，为实现既定目标而不断努力。莫道桑榆夕照晚，红霞一抹洒余晖。退而不休、满腔热情、甘于奉献，老专家与老教师们心系下一代工作，用思想浸润心田、用爱心托举希望。在湖北省十堰市茅箭区有这样一位老教师，退休多年始终坚持在理论宣讲工作一线，他就是 2022 年湖北省基层理论

» 2021 年 9 月 3 日，在安徽省铜陵市新苑小学，“老兵”戴恒勤给学生们讲述抗战故事，勉励孩子们好好学习

宣讲先进个人白秉来。作为茅箭区骨干宣讲员，白秉来不知疲惫，精神饱满，将自己的满腔热情都注入宣讲和创作中。针对学生群体，他专门设置了寓教于乐、情景再现的宣讲活动，精心准备专题教案，“量身定制”宣讲内容，将讲授展演、随机提问、礼品发放环节进行灵活穿插，最大限度调动学生学习兴趣，让自己的宣讲内容能被每一名听众接受吸纳。

3. “现身讲”：以英模人物为表率，重点做好面向国资、工会、妇联、“两新”组织等不同领域群体的宣讲

“坚持不忘初心·学思想”“坚持实干担当·强党性”“坚持党建引领·重实践”“坚持人民至上·建新功”……立足国资国企责任担当，蔡丽燕结合工作中攻坚克难的实例讲述各宣讲主题，走心更动

情、生动而翔实地将自己争做拓宽服务领域的实践者、保障业务转型的推动者、带动团队进步的逐梦人的奋斗历程娓娓道来。一句句“让我来”“请放心”“在一起”，蔡丽燕始终以强烈的责任感和使命感弘扬劳模精神，以学增智、以学促干，在平凡的岗位上创造不平凡的业绩，先后荣获 2020 年上海市抗击新冠疫情先进个人、2022 年度上海市五一劳动奖章，并当选为上海市第十六次妇女代表大会代表。

一个有希望的民族不能没有英雄，一个有前途的国家不能没有先锋。“榜样的力量是无穷的。在我们党领导人民进行革命、建设、改革各个历史时期，无数先进模范的事迹教育和影响了一代又一代人。各个时期涌现出来的先进模范都是我们的民族英雄，要广泛开展先进模范学习宣传活动，营造崇尚英雄、学习英雄、捍卫英雄、关爱英雄的浓厚氛围。”① 伟大时代呼唤伟大精神，崇高事业需要榜样引领。榜样个人与组织往往能够坚定不移贯彻落实好党的路线方针政策，带头拥护“两个确立”、做到“两个维护”，在把准政治方向、强化党性信念方面走好“第一方阵”，凝聚起对党忠诚、服务人民、奋勇争先的价值理念。坚如磐石的信念，硬如钢铁的意志，是时代英雄的文化基因和精神代码。先进典型是有形的红色正能量，是崇高精神品格的代名词。要通过榜样模范“现身说法”，把与基层民众密切相关的问题讲清楚、讲透彻，既接地气、又聚人气，让理论宣讲更具感染力。

统筹联动，完善“专而实”的高效化宣讲机制，弘扬政治主旋律。就目前而言，一些企业与社会组织的理论宣讲仍存在形式主义问题，宣讲内容滞后于经济社会发展与改革形势，对于职工成员关心的问题缺乏系统分析和准确阐述，脱离实际、自说自话，无法有效回应

① 《习近平关于社会主义精神文明建设论述摘编》，中央文献出版社 2022 年版，第 198 页。

人民关切。基于此，应坚持“三围绕”原则即“围绕党的理论创新、围绕主体中心工作、围绕基层自身关切”来开展宣讲，完善机制，实现宣讲工作常态化。山东能源枣矿集团聚焦与企业改革发展密切相关的煤炭行业形势和供给侧结构性改革等课题开设“枣矿大讲堂”，让行业领军模范人物进行深入解读。同时，紧贴广大职工普遍关注的热点难点问题解疑释惑，靶向瞄准职工发展前景、改革举措等问题，有效提升了宣讲的实效性。

建强队伍，挖掘“多而强”的各领域榜样模范，打造宣讲生力军。山因脊而雄，屋因梁而固。榜样模范富有攻坚克难、主动作为的责任担当，忠诚可靠、矢志不渝的政治品格，心系群众、无私奉献的为民情怀，淡泊名利、艰苦朴素的优秀品质。唯有最广泛地凝聚起各行业的榜样模范，充分挖掘各领域的先进典型事迹，方可切实以优秀事迹激励人、以崇高品格引领人、以出色业绩鼓舞人。为加强职工思想政治引领，打响工会宣讲品牌，山东省莱阳市总工会邀请“烟台工匠”于超、“莱阳工匠”隋学文在市汽车运输有限公司开展宣讲活动。两位工匠表示，无论处在什么岗位，只要保持对工作的热忱，最终都会在平凡的岗位上发光发热。他们鼓励在场员工把日常工作反复琢磨、努力创新，以实际行动践行工匠精神，有效引起了在场员工的广泛共鸣。

守正创新，探索“广而精”的微宣传互动方式，开辟学习新途径。随着信息技术发展，社会交流方式更加多元，“我讲你听”这种使受众一直处于“被灌输”“被教育”地位的传统宣讲方式的吸引力有所降低。深入推动阵地、载体和平台创新，方可更大程度上拓展英模宣讲的覆盖面、提升说服力。各单位可结合实际深入开展“感动系列”“最美系列”等评选活动；建立劳模工匠工作室、巾帼创新工作室、青年创客联盟众创联盟等阵地；制作寓教于乐、喜闻乐见的微视频等新媒体宣讲产品等，力求产生英模宣讲的一体化集群效应。为大力宣传道德模范、身边好人的感人事迹和崇高品质，天津市西青区委宣传部、区文明办就推出了“西青区道德模范身边好人微讲述——先进模范事迹网络短视频学习宣传活动”专栏，在全社会营造出了学习道德模范、向道德模范看齐的浓厚氛围。

时代风采

泗洪九旬老兵张殿国的故事

15岁参军投身革命，战争中多次险牺牲。张殿国生于1927年，1942年就踊跃报名参军，背井离乡从戎杀敌。1943年3月，张殿国在原新四军四师31团当卫生员；1946年至1953年，先后在原华东野战军第七纵队25师73团、原皖北安庆军分区医疗队、原华东军区步兵第213团四营部等部队担任卫生员、班长、副排长等职务；1946年加入中国共产党。张殿国曾参加过抗日战争；解放战争时期，先后参加过孟良崮战役、淮海战役、渡江战役；抗美援朝战争中，他参加过著名的长津湖战役。老人的少年和青年时期是在炮火纷飞的战场上度过的，是在挨饿受冻的行军旅途中成长的。

毅然参加抗美援朝，在艰苦条件下作战。1950年朝鲜战争爆发，血气方刚的张殿国毅然报名加入中国人民志愿军行列。在朝鲜战场上，他负责后勤保障、运送物资、救治伤员等工作。“朝鲜那边山多、水多、都是土路，部队行军很困难，后勤运输非常艰苦，补给线经常受到敌军轰炸，前线的物资很难运送过去，武器、粮食等大多是靠人力背上前线阵地。没有补给时，战士们经常是一把炒面就着一把雪吃下去，土豆被冻得硬邦邦的，放在腋下焐半天，也咬不动。”张殿国回忆道。

义务宣讲英烈故事，把红色基因传下去。1954年张殿国回到了家乡，经常到学校、社区、机关宣讲英烈故事。“大家都看过电影《长津湖》吧，电影拍得很真实，但真正的战争更加艰辛、惨烈和悲壮，只有亲历过那场战役的人最有体会。”张殿国老人表示，虽然年事已高，但身体还硬朗，要和时间赛跑，争取再多活几年，在有生之年多为年青一代讲述战争年代的故事，能多讲一场是一场，把红色基因传承下去，教育他们要珍惜今天的幸福生活。

——王蹇蹇：《参加过抗日战争、解放战争和抗美援朝战争，泗洪九旬老兵34年如一日宣讲英烈事迹》，扬子晚报网2023年7月19日

（三）“雁阵拓展”：发挥示范带动，打造有“宽度”的宣讲队伍

理论宣讲要注重多元融合，树立“人人都是理论宣讲师、处处都是理论宣讲地”的“大宣讲”理念，最大限度地调动一切可以运用的资源，最大限度地利用一切利于宣讲的方式，不断提升基层理论宣讲的传播力、引导力和影响力，构建多元主体共讲共话新格局。

1.“跟进讲”：以青年学生为先锋，让理论宣讲“亮”起来

“如今，海风海浪依旧，厦门却已旧貌换新颜。厦门早已不再是那个偏远荒芜的渔村，不再是那个炮声隆隆的海防前线，她已蝶变成一座高素质的创新创业之城，一座高颜值的生态花园之

城……”2023 年 5 月 25 日下午，福建教育系统新思想青年学生百人宣讲团“思想探源之路”主题线路首场研学宣讲活动在厦门经济特区纪念馆开讲。“一张蓝图绘到底，一代接着一代干。”厦门大学硕士研究生于亚楠题为《一张蓝图绘就美丽厦门》的宣讲，向大家阐述了厦门探索中国特色自由港的发展之路。在饱含深情的宣讲中，在场师生仿佛亲眼见证了鹭岛 40 余年的蜕变历程。

青年是新时代的生力军，是民族复兴的中坚力量，自当勇立时代潮头，争做时代先锋，担负起时代赋予的使命，以青年之声发时代强音。青年人具备思维活跃、精力旺盛、行动迅捷的显著优势，由青年担当理论宣讲主角，既可以拉近宣讲员与受众的情感距离，又能变抽象理论为生动实践，让受众从被动听讲变为主动参与。青年理论宣讲善于用激情阐明远大理想，富有感召力。马克思主义蕴含着改变世界的伟大力量，流淌着团结奋斗的热血，激荡着远大理想的凯歌，最容易打动青年、影响青年，感召青年奋发有为。青年理论宣讲善于用热情探讨现实问题，因而富有吸引力。问题是实践的起点、创新的起点，很多高校在实践中探索形成的“问题导向—靶向施策”宣讲模式效果良好。青年理论宣讲善于用真情讲述奋斗故事，因而富有凝聚力。革命战争时期为民族独立、人民解放而奋斗献身的感人故事，新时代为国家富强、人民幸福而无私奉献的身边故事，都能够将充满朝气的有志青年团结起来、动员起来、组织起来、凝聚起来，让这支生力军在中华民族伟大复兴的新征程中燃起奋斗热情，作出更大贡献。

发青年之声，探索“有声有色”的宣讲话语，说好“青年话”。新时代青年的话语体系具备新颖独特、多元丰富、求新求变等特点，基于此，应着力打造青春“靶向”讲细、讲实、讲活特色品牌，变

"文体调"为"家常话"，讲好贴近青年的"真话"、青年耳熟的"网话"、符合实际的"白话"，变"一人主导"为"多维传播"，让青年觉得好、学得进、弄得清、记得住、信得过、传得开。可召开青年"思享会""青年说"等活动，通过头脑风暴、脱口秀、说唱等青年话语体系畅所欲言，在思维碰撞中把抽象的理论转化为具体的举措，真正走进青年火热的学习工作实践中。江西省委宣传部联合江西农业大学南昌商学院团委共同制作推出学习党的二十大精神专题"音乐团课"产品，融艺术性、趣味性、教育性于一体，夹叙夹议，边讲边唱，把"造血"与"输血"结合起来，以"青言青语"把党的创新理论成果传递给青年，首场团课线上线下辐射青年 140 余万人次。

凝青年之思，突出"有章有法"的宣讲内容，调和"青年味"。有活力、有热情、有干劲、好沟通是青年宣讲的优势。但是在青年宣讲的过程中，必须把握好政治方向、掌握好价值取向、坚持好问题导向，聚焦为党育人以突出政治性、聚焦服务大局以突出全局性、聚焦服务青年以突出精准性。此外，要以具有"青年味"的关注事、"生鲜活"的小叙事、"短小微"的微故事，使宣讲不仅能震撼一瞬间、激动一阵子，更要铭记一辈子、影响一辈子。潍坊学院计算机工程学院立足新工科发展需求，组建"芯"青年理论宣讲团，用青年视角凸显宣讲"青年味"，努力用"真功夫"当好宣讲"轻骑兵"。要选取贴近当下、贴近学生的"小切口"，坚持靶向性宣讲，以"身边事"讲实"硬道理"，通过生动可感的史料、实例、数据、图片等元素，努力打造一批高质量、有内涵的宣讲作品。

辟青年之途，革新"有趣有效"的宣讲方式，走出"青年路"。既要推进"面对面""键对键""屏对屏"青春党课行，又要发挥

“互联网＋”技术优势、创新“掌上＋”宣讲矩阵，打造“指尖党课”，形成“一人讲、齐分享、共同学”的宣讲模式。直播“带知识”、制作青春Vlog、运用青春短视频、拍摄理论问答微视频……切实用好用活网络阵地，将线上线下有机结合、统筹联动起来，不断激发“青阵地”的无限活力。2023年9月1日下午，“浙young说·八八战略实施20周年”线下巡回宣讲活动走进浙江省衢州市。来自衢州6个区县的“80后”“90后”新时代理论宣讲员们分别讲述家乡在“八八战略”指引下全方位、系统性、深层次的精彩蝶变。该活动在线上专题开设“浙young范”精品宣讲短视频学习、“我要上青云”宣讲短视频征集、“你点我去”线上导师预约、“八八战略知识答题挑战”等互动模块，进一步强化广大青年的理论武装，坚持让好声音沉下去、让微宣讲扎下根。

2. “大家讲”：以基层比赛为机制，让理论宣讲“活”起来

自2013年起，山东省已经成功开展11届“中国梦”系列百姓宣讲比赛，成为深入基层一线、深受百姓喜爱的理论宣讲品牌。全省百姓宣讲大赛上的主人公既有勇于作为担当、在乡村振兴道路上取得显著成绩的女企业家，也有甘于牺牲奉献、坚定支持国防事业的好军嫂；既有白衣为甲逆风而行、舍生忘死一线抗疫的医护人员，也有甘守寂寞、无私奉献的深山护林人；既有无畏身残体弱、扼住命运咽喉勇于奋起的残疾人，也有爱洒祖国边陲、扎根三尺讲台援疆工作的一线教师……历尽天华成此景，人间万事出艰辛。一个个动人故事充分展现了新时代山东省干部群众过硬的政治品格、高尚的道德风貌与主动作为的进取精神，具有很强的教育意义。

“要坚持以新时代中国特色社会主义思想为指导，全面贯彻党的

二十大精神，聚焦用党的创新理论武装全党、教育人民这个首要政治任务”[①]，这是习近平总书记立足我们党百余年奋斗的历史经验，着眼宣传思想文化工作面临的新形势新任务而提出的明确要求，为新时代新征程宣传思想文化工作展现新气象新作为提供了重要遵循。基层是党的执政之基，基础不牢，地动山摇。党的二十大报告 25 次提到“基层”，充分体现了以习近平同志为核心的党中央对基层的关心重视。推动党的二十大精神浸润基层群众心灵，是强化基层理论武装的必要行动。以基层理论宣讲比赛为依托，牢牢把握传播基层故事的方法论、把牢传扬基层声音的主基调、把准传承时代精神的新方略，把党的二十大精神与扎根基层的“敢为”联通起来、与胸怀“国之大者”建功基层的“作为”融通起来、与热爱基层成就奋斗之我的“善为”贯通起来，向基层群众宣讲好党的创新理论，才能点亮奋斗航标、照亮奋进航程。

以赛促学，筑牢“压舱石”，培厚“营养土”。基层理论宣讲比赛既为基层群众提供了互相交流切磋和展示自我风采的多彩舞台，更为广大宣讲人员提供了理论学习、技巧磨炼、开阔视野的宝贵平台，可有效倒逼群众不断扎实功底、提升素养、吃透理论。百姓宣讲活动在齐鲁大地落地生根，已有 10 余年时间。每年大赛主要是围绕学习宣传贯彻党的重大宣讲主题，讲述奋进新征程、建功新时代的感人故事。秉承以赛促学的原则，大赛有效推动党的二十大精神深入基层、走进群众、浸润心田，让正能量更充沛、主旋律更高昂。广大宣讲员通过理论解读、故事讲述、曲艺说唱、视频再现等形式，

① 《习近平对宣传思想文化工作作出重要指示强调　坚定文化自信秉持开放包容坚持守正创新　为全面建设社会主义现代化国家　全面推进中华民族伟大复兴提供坚强思想保证强大精神力量有利文化条件》，《人民日报》2023 年 10 月 9 日。

以“小故事”反映“大时代”、以“身边事”宣讲“大政策”，集中展现了全省广大干部群众在新征程上事争一流、唯旗是夺的精神风貌。着眼从生产生活一线、从百姓视角阐释理论，既满足了基层理论大众化通俗化需求，也大大激发了基层宣讲员学理论、讲理论、用理论的积极性和主动性。

以赛促讲，善用“磨刀石”，磨利“撒手锏”。以“百姓宣讲”为舞台，把话筒讲台交给群众现身说法，用身边人讲身边事，精心谋划做好面向基层宣讲这篇大文章。基层宣讲比赛作为理论宣讲工作的重要载体和手段，在推动科学理论普及化大众化方面发挥着重要的作用。经过10余年的探索，山东省百姓宣讲活动已经建立起一整套工作机制，形成了由省委宣传部、省委讲师团牵头，省直各部门协同，市县（市、区）广泛发动，干部群众积极参与的大宣讲格局。大赛群众参与度之高、社会反响之大前所未有。曲艺《小小草莓助力乡村振兴》，故事《煎饼小哥》《吴守林的操心事》《做沂蒙红嫂的传承人》，视频《红色披风》、理论《跟着总书记学调查研究》《信仰照耀　人间正道》……从外卖员到技术能手，从草莓特色产业开拓者到大学生村官，从沂蒙红嫂传承人到助人为乐的身边好人，一个个敢为人先的创新故事、坚守初心的暖心故事和接续拼搏的奋斗故事，充分展现了各行各业党员干部职工踔厉奋发、积极有为的精神面貌，展现了山东省踏上新征程的奋斗脉搏、奋进步点、幸福底色。

以赛促干，甘做“铺路石”，上好“助推器”。基层理论宣讲大赛评选结果的出炉并不意味着交流学习的结束，而是下一程经验分享、砥砺前行的新起点。山东省百姓宣讲大赛结束后会进行巡回示范宣讲活动，各地也会充分吸纳优秀宣讲人才、结合自身实际组建

≫“让青春绽放绚丽之花”福建青年宣讲党的二十大精神活动总决赛现场

特色宣讲队伍，打造特色宣讲品牌，如济南市的“方桌会”“大碗茶”、淄博市的“明理胡同”“沂源红”、烟台市的“习语润心”、聊城市的“红色挎包”等，形成“市市创品牌、县县有特色、镇镇抓落实、村村搞宣讲”的生动局面，真正让“宣讲之花”开遍齐鲁大地。2023 年 10 月 8 日至 11 日，山东省百姓宣讲大赛巡回示范宣讲活动来到威海、潍坊、临沂、济南等地，8 位百姓宣讲大赛优胜选手用群众熟悉的语言、接地气的方式宣讲党的创新理论和新时代奋斗故事，激发起干部群众在新时代奋进新征程的使命感和责任感。通过示范宣讲引导更多“百姓名嘴”脱颖而出，可持续提升理论宣讲的吸引力和感染力，把理论宣传的阵地筑牢在基层，激励广大党员干部群众强化党的创新理论武装，凝聚奋进力量。

3.“线上讲”：以社会大众为基础，让理论宣讲“潮”起来

成立清远市首个“红小荔”正能量传播培育基地，推动线下

“讲师”向线上“主播”转变，打造“佛冈青年说”等系列理论宣传微视频，观看量超50万人次；组织乡村新闻官策划推出《中国粮——稻谷》等宣传宣讲微视频上百个，在市县主流媒体平台、微信群、抖音、快手等新媒体平台快速传开，点赞量爆棚；充分发挥“乡村大喇叭”宣传作用，在全县78个行政村和13个社区安装乡村大喇叭共410个，把党的声音送进千家万户……广东省佛冈县坚持“理论＋线上”的传播模式，构建理论传播“微矩阵”，把理论宣讲变成广大干部群众的“随身听”，进一步强化“乡音传党音，党音传万家”传播效果，推动党的创新理论宣传在基层“实”起来、“热”起来、“活”起来。

人人都是“麦克风”、人人都是“发声器”，社会大众既是理论宣讲的对象，也是理论宣讲的主体。社会大众具有贴近群众的天然优势，其所见所闻所感都不失为最真实、最珍贵、最生动的宣讲素材。当今世界，新一轮科技革命给传播格局带来深刻变革，我国城镇化进程也使得人口结构和分布特点呈现新变化，理论宣讲已经从面对面宣讲、主流话语强势的格局，步入新媒体媒介四起、宣传阵地多样、各种话语竞合的新格局，线上宣讲日益成为宣讲的重要方式。要想通过宣讲的方式将党的创新理论从枯燥文字变成武装头脑的武器，首要的便是积极创新宣讲形式，配上声情并茂的讲解，更好地引导他人有所感悟，做到声声入耳，引发思想共鸣，从而达到“一朵云推动另一朵云”的效果。处于当下无人不网、无处不网、无时不网的互联网时代，要想让理论宣讲既“有意义”又“有意思”，必须鼓励社会大众充分运用新兴科学技术传播手段，壮大基层宣讲队伍，方能更好地使受众实现思想上解“惑”，政策上解“渴”，精神上解“压”。

循序渐进，打造“掌上”微平台，丰富内容“点指学”。充分利用“学习强国”学习平台等掌上 App 平台，聚焦党的创新理论传播，围绕学习实践党的创新理论、宣传宣讲党的路线方针政策等内容，探索“点单式”宣讲，打造“点单、接单、派单、评单”一站式基层理论宣讲平台。常态化深入基层、走进干部群众，提供宣讲服务，以群众需求为出发点，把群众想听的、愿意听的党的创新理论送到身边。“学习强国”宁夏学习平台注册用户数 51.6 万，在西部地区率先上线“强国 TV”，“学思想、上强国”成为广大干部群众的自觉行动。宁夏回族自治区盐池县紧跟时代发展，以“数字化”赋能宣讲，开发“盐池视界”智慧云 App，打造“理论宣讲云课堂”，将理论宣讲的一次传播转变为互联网上的多次传播，推动党的创新理论在网上“活”起来。

提优升级，构建“云课堂”阵地，理论学习“不打烊”。全力打造“理论宣讲云课堂”，改变传统的授课模式，突破空间的局限，开展内容丰富、形式多样的宣讲活动，破译“厚重理论、轻巧传播”的制胜密码。全时段开启各类专题学习直播间，充分利用数字图书馆有声书，结合先进技术打造集视、听、感、记“四位一体”的网络课堂……使相对枯燥深奥的理论变得有趣而活泼，引发群众关注理论、学习理论的兴趣，为广大党员干部群众“补钙壮骨”。河北省涿州市理论宣讲线上线下同步发力，线上发挥“1+2+N”理论宣传优势，“理响涿州”系列云课堂每两周一次在线宣讲，抖音号和视频号发布云课堂宣讲 200 多期，观看量累计超过 700 万人次，实现了市、乡、村、企业全覆盖。

深耕延展，探索“新媒体”路径，知识宝库“触手及”。开展网上宣讲以推动线上理论武装强起来，从“纸端”到“指端”，把宣讲阵地搬上“互联网”。用活各类数字化新媒体，搭建线上微宣讲平台，在微信公众号、视频号等平台开设“学习习近平总书记重要讲话”等专栏，展播微课视频，及时集纳发布信息，形成广泛传播的强大声势。山东省莱州市以“东莱号角”理论宣讲品牌为引领，以新媒体“云”宣讲为载体，打造“多元主体参与小区共治”新模式，织密社会保障和服务网格，依托公众号、视频号和抖音平台，将便民宣讲引入直播间，打通与市民沟通互动的新渠道，走出了一条基层理论宣讲新路径。

典型案例

宣时代之声音　讲百姓之故事

——山东省“中国梦”系列百姓宣讲大赛结出硕果

以“百姓宣讲”为舞台，把话筒讲台交给群众现身说法，用身边人讲身边事。近年来，山东省委宣传部、省委讲师团精心谋划“群众讲给群众听”基层宣讲这篇大文章，在全省连续成功举办了11届“中国梦”系列百姓宣讲大赛活动。11年来，累计举办宣讲比赛1.2万余场，参加人员16万余人次，开展巡回宣讲2万余场，直接受众近500万人次，群众参与度之高、社会反响之大前所未有、全国瞩目。实践证明，百姓宣讲作为基层理论宣讲工作的重要载体和手段，在推动科学理论普及化大众化方面发挥着重要的作用。

全省第十一届“中国梦·新时代·新使命”百姓宣讲大赛，由省委宣传部、省委网信办、省委省直机关工委、省总工会、团省委、省妇联、省教育厅、省国资委8部门联合主办。活动从2023年3月

≫ 2023年8月3日至4日，山东省“中国梦·新时代·新使命”百姓宣讲大赛决赛在济南市举行，这是山东省连续11年举行“中国梦”系列百姓宣讲比赛

开始，历经半年多时间，通过省、市、县、乡、村五级层层选拔，自下而上举办百姓宣讲选拔比赛4000余场，参赛人员5万余人次，比赛场次和参赛人员都创历史新高。8月3日至4日，“中国梦·新时代·新使命”百姓宣讲大赛决赛在济南举办，来自全省各行各业的120名优秀百姓宣讲员和24个宣讲微视频参赛。据统计，此次大赛总决赛时段线上观看人数达4720.8万人次，最高峰值达292万人，总投票数超1750万。

六

飞入寻常百姓家

——在哪开展新时代理论宣讲工作？

人民群众在哪里，理论宣讲就要在哪里，党的声音就要传播到哪里。在波澜壮阔的百年奋斗历史中，中国共产党在理论宣讲工作领域取得了突出的成果，探索积累了一些适应中国具体实际的经验方法，开辟了众多理论宣讲的坚实阵地。面对新时代理论宣讲工作的新形势新任务，在哪开展新时代理论宣讲工作才能取得最好的效果？这既要求我们用好历史经验，继续传承好传统的宣讲形式和手段，巩固好传统的宣讲阵地，牢牢占据理论宣讲的主战场，又要求我们不断适应宣传工作新的特点，吸纳接收新的途径和手段，精准对接人民群众的理论学习需要，主动开辟理论宣讲的新战场，新旧齐抓、融合互补，让理论宣讲的讲台始终出现在人民群众最需要的地方，汇聚起新时代理论宣讲的强大伟力。

（一）坚守传统阵地，维持固定平稳

习近平总书记指出：“我们党始终高度重视理论武装，每逢重大历史关头，都要用党的创新理论统一全党思想，每次党内集中教育也都坚持把理论学习作为首要任务并贯穿始终，为全党团结统一奠定坚实思想基础。”① 邓小平同志也说过，“我们党从起根发芽时就是从宣传工作做起”②。中国共产党从成立之初，就始终把宣传工作摆在极为重要的位置，作为发动群众、组织群众、武装群众的开路先锋，形成了“唤起工农千千万，同心干”的强大力量。新时代新征程，我们更应继承传统，把理论宣传宣讲工作置于重要位置，广泛构建各类平台阵地，深入开展一系列富有吸引力聚集力感召力的宣讲活动。在人生成长的各个阶段，我们都在这样的场合中不断学习进步，一张张理论宣讲的讲台，一页页铺满文字的纸张，一段段铿锵有力的声音，承载着无数人关于理论学习的美好记忆。在一切都飞速向前发展的新时代，开展理论宣讲工作仍需要我们坚守初心、坚定信念，将理论宣讲的传统阵地牢牢占据，保障新时代党的理论宣讲工作行稳致远、进而有为。

1. 理论宣讲传统阵地的一般形式

在今天，这样传统的理论宣讲课堂、讲台和媒介，仍旧是与我们关系紧密且不容丢失的传统宣讲阵地，它们以各种各样的形式出现在我们生活中的各个角落。

---

① 习近平：《在学习贯彻习近平新时代中国特色社会主义思想主题教育工作会议上的讲话》，人民出版社 2023 年版，第 2 页。

② 《邓小平文集（1949—1974）》上卷，人民出版社 2014 年版，第 190 页。

一是理论会场。各级机关、事业单位、企业、社会团体等按照关于开展理论学习的部署要求，综合理论学习、调研实践的相关成果感悟，在固定的场所如会议室、报告厅等，在重要时间节点或固定时间召开各类理论学习会议、开设专题党课、举办专题读书会等，开展党的理论知识宣讲和相关政策解读，成为提高干部群众能力素质和理论素养的主要途径，也成为传统理论宣讲的重要阵地和渠道。如在学习贯彻习近平新时代中国特色社会主义思想主题教育活动中，各地区各部门各单位以党委（党组）会议、专题会议、专题辅导等方式，全面准确把握党的创新理论的科学内涵、重大意义和实践要求；集中举办理论学习中心组读书班，通过集体学习研讨方式，全面深入系统学习习近平新时代中国特色社会主义思想。

二是学校课堂。用习近平新时代中国特色社会主义思想武装青年学生，培养中国特色社会主义事业的建设者和接班人，是新时代的呼唤，更是历史责任和使命担当。思想政治理论课是学校落实立德树人根本任务的关键课程，按照习近平总书记在学校思想政治理论课教师座谈会上提出的“政治性和学理性相统一”“价值性和知识性相统一”“建设性和批判性相统一”“理论性和实践性相统一”“统一性和多样性相统一”“主导性和主体性相统一”“灌输性和启发性相统一”“显性教育和隐性教育相统一”① 要求，学校依托思政课堂主渠道，融合“课程思政”和“大思政课”等新形式，彰显学理性，兼顾生动性，有效促进青年学生扎实掌握新时代党的创新理论，是现阶段对青年学生开展理论宣讲的重要阵地。

---

① 《习近平主持召开学校思想政治理论课教师座谈会强调　用新时代中国特色社会主义思想铸魂育人　贯彻党的教育方针落实立德树人根本任务》，《人民日报》2019年3月19日。

三是报纸、广播、电视等传统媒介。报纸、广播、电视是传统的理论宣讲媒体，长期以来一直被广泛使用。在理论宣传宣讲中，报纸可以通过专栏、专版、特写等形式，结合图文并茂的方式，深入浅出地阐释理论；广播可以通过专题节目、讲坛、讲座等形式，向广大听众传递理论思想；电视可以通过专题片、纪录片、专题节目等形式，将理论以形象、生动的方式呈现给观众，三者互相配合，推动理论宣传宣讲融入人们的日常文化生活之中。为人们所熟知的《人民日报》，在1948年创刊之初是中共中央华北局机关报，中国共产党在1949年将其确定为党中央机关报，一直以来都承担着宣传党的理论和路线方针政策，宣传中央的重大决策部署，宣传党的主张、弘扬社会正气、通达社情民意、引导社会热点、疏导公众情绪等重要职责，在党中央坚强领导下，在革命、建设、改革各个历史时期都发挥了十分重要的作用，创造了光荣历史。

2. 理论宣讲传统阵地的固有优势

开展线下集中宣讲，用好传统宣讲媒体，是我们一直以来使用频率最高的传统手段，也是我们党在理论宣讲过程中不断确立的传统优势阵地，它能够聚焦重点、靶向发力，保证党的创新理论成果和重大决策部署在第一时间传达给广大干部群众，形成传统宣讲方式的强大力量。

理论宣讲传统阵地接受度高。早在中国共产党成立之前，各地共产党早期组织就创办了《工人周刊》《劳动界》等刊物，并提倡平民教育，创办工人夜校、补习学校、识字班、农讲所等，宣传普及马克思主义和党的主张。这些最初的传统的理论宣传宣讲方式和阵地平台至今仍有一定的借鉴意义。当今社会虽然信息技术日新月异，网络新媒体层出不穷，但报纸、广播、电视等传统媒介仍然是人们获取信息的重要来源途径。传统阵地的理论宣讲通常是由权威部门组织，经过系统设计和统筹谋划，信息内容相互衔接、层层递进，具有较高的权威性和可信度，受众更容易接受和认可其宣传宣讲内容。

理论宣讲传统阵地覆盖面广。当前，智能技术、信息技术飞速发展。在“智能时代”下大部分群体能够适应时代的步伐，但也有一些群体因为各种原因，接受新事物比较缓慢。因此，运用新技术手段开展理论宣讲，并不能在第一时间覆盖所有群体。而传统阵地不受年龄、学历、职业等因素的影响，凭借其面对面、交互式的宣讲形式，可以较为全面地覆盖不同地区不同群体，尤其是在基层群众中有着广泛的影响，在每次集中宣讲活动中发挥着主力军作用。

理论宣讲传统阵地限制性小。作为传统理论宣讲学习形式，传统阵地朴实而有力，经过长时间的发展与积累，全国各地都已经拥有开展传统宣讲的基本物质条件，具备基础的硬件设施，掌握基本的活动流程，不需要额外耗费过多其他精力，便可以在现有基础上继续做好新时代党的创新理论宣讲工作的传承衔接，不受限于客观条件，既不需要复杂的技术支撑，也不需要烦琐的策划组织，更不需要华丽的包装步骤。

3. 理论宣讲传统阵地的短板

理论宣讲传统阵地在当前的形势之下不可忽视、不容丢失，但我们也要在坚持坚守的同时，看到其在发展进程中暴露出的短板，对标新时代理论宣讲的新形势新要求，为进一步打造新时代理论宣讲阵地奠定清晰的认知基础。

一是宣传方式单一。在传统阵地进行理论宣讲工作，线下主要以讲座、报告等形式进行，报纸、广播、电视等传统媒介的呈现方式也相对固定，形式相对单一，缺乏新颖性和趣味性，难以吸引年轻受众的关注和参与。参与者往往是被动接收学习信息，上面讲课下面听课，缺乏互动交流环节，即使群众能听进去一些知识，也难以入脑入心。

二是缺乏个性针对。传统阵地的理论宣讲，往往基于整体的受众情况，开展大面上的理论宣讲，缺少对具体情景的分析，缺乏对个体差异的考虑，较难满足不同层次、不同背景受众理论学习需求，导致受众对宣讲内容不感兴趣，个性化理论学习需求无法得到满足。

三是缺少反馈机制。理论宣讲传统阵地缺乏互动反馈的传统，受限于宣讲的时间安排和形式等，尚未建立起完整有效的反馈机制，缺乏有效的渠道和平台来收集受众的反馈和意见，不能及时准确地了解受众的学习情况、需求和意见，难以进行有针对性的改进提升和优化调整。

4. 理论宣讲传统阵地的巩固提升

开展好新时代的理论宣讲工作，必须做到以我为主、脚踏实地，在着眼开辟新时代理论宣讲新的主战场之前，将传统阵地牢牢巩固且不断提升改造，为后续的创新性发展打下坚实基础，提供充足底气。

理论宣讲传统阵地的宣传方式需要不断创新。当前，深入基层一线的流动式宣讲和占据网络空间的多样式宣讲已经蓬勃发展，但传统阵地的作用和地位仍不容忽视，传统阵地的创新性发展也不能停滞不前。要积极借鉴新阵地的新思路新方法，让传统阵地与拓展基层一线和抢占线上空间相融合，积极创新宣讲形式，采用多样化的方式，如互动式的讲座研讨、反转主体式的宣讲比赛、传统媒体上的多样互动问答，使宣讲内容更加生动有趣，宣讲形式更加灵活多变，吸引更多受众的关注和参与。

理论宣讲传统阵地还要进一步提升针对性。我们在理论宣讲传统阵地长时间开展的一系列工作，已经收获了广泛的影响力，积累了一系列好经验好做法，但仍需在此基础上更好对接基层群众个性化的理论学习需求，在承接好理论宣讲重要任务的同时，针对不同行业、不同层次、不同背景的受众需求，开辟新的宣讲模块与领域，提供个性化的理论宣讲服务，制定不同的宣讲内容和方式，让传统阵地更加接地气，更好对接潮流发展趋势。

理论宣讲传统阵地的反馈机制需要不断完善。长期以来，在传统阵地开展理论宣讲的重心主要在宣讲实施的一方，尤其是在社会层面活动的开展过程中，往往缺乏连贯的反馈。传统阵地要继续发挥突出作用，就必须完善多重有效的反馈渠道，为不同类型的宣讲活动和受众群体提供适合的反馈渠道，确保反馈信息的全面性和准确性；就必须完善精准有力的落实政策，及时回应和处理有价值的信息和建议，认真采纳并改进宣讲内容和方式，对于无法立即解决的问题，要向受众解释原因并积极寻求解决方案，确保受众感受到关注和重视。

>> 文献阅读

对晋绥日报编辑人员的谈话（节选）

（一九四八年四月二日）

我们的政策，不光要使领导者知道，干部知道，还要使广大的群众知道。有关政策的问题，一般地都应当在党的报纸上或者刊物上进行宣传。我们正在进行土地制度的改革。有关土地改革的各项政策，都应当在报上发表，在电台广播，使广大群众都能知道。群众知道了真理，有了共同的目的，就会齐心来做。这和打仗一样，要打好仗，不光要干部齐心，还要战士齐心。陕北的部队经过整训诉苦以后，战士们的觉悟提高了，明了了为什么打仗，怎样打法，个个磨拳擦掌，士气很高，一出马就打了胜仗。群众齐心了，一切事情就好办了。马克思列宁主义的基本原则，就是要使群众认识自己的利益，并且团结起来，为自己的利益而奋斗。报纸的作用和力量，就在它能使党的纲领路线，方针政策，工作任务和工作方法，最迅速最广泛地同群众见面。

在我们一些地方的领导机关中，有的人认为，党的政策只要领导人知道就行，不需要让群众知道。这是我们的有些工作不能做好的基本原因之一……要解决这个问题，根本上当然要从思想上进行群众路线的教育，同时也要教给同志们许多具体办法。办法之一，就是要充分地利用报纸。办好报纸，把报纸办得引人入胜，在报纸上正确地宣传党的方针政策，通过报纸加强党和群众的联系，这是党的工作中的一项不可小看的、有重大原则意义的问题。

——《毛泽东选集》第 4 卷，人民出版社 1991 年版，第 1318—1319 页

（二）拓展基层一线，提升灵活实效

深入学习贯彻习近平新时代中国特色社会主义思想，开展好新时代党的创新理论宣讲工作，一个极为重要的环节就是做好党的创新理论基层宣讲工作，积极拓展基层一线，到人民群众工作生活的

场景中去宣讲，打通“理论掌握群众”的“最后一公里”。习近平总书记在全国宣传思想工作会议上指出，“要做好做强马克思主义宣传教育工作，特别是要在学懂弄通做实新时代中国特色社会主义思想上下功夫”①，“要加强传播手段和话语方式创新，让党的创新理论‘飞入寻常百姓家’”②。习近平总书记的这一重要论述，点明了新时代理论宣讲工作拓展基层一线阵地的重要意义，也为深入基层一线开展党的创新理论宣讲提供了科学的方法论指导。新时代对理论宣讲提出了更高的要求，人民群众对理论知识的学习获取也提出了更高的期待，基层一线的理论宣讲点是紧密连接党的创新理论与人民群众的桥梁和纽带，发挥好、利用好、建设好这一阵地是新时代宣讲工作的“试金石”。

1. 基层一线理论宣讲的一般形式

在山东省邹城市，“黄河大集”成为开展形式多样宣讲活动的舞台，政府组织民间艺人、文艺工作者、非遗传承人、剧团演员、草根“明星”组成“邹鲁新声”理论宣讲赶大集文艺队伍，为赶集群众展演党的二十大精神文艺作品《二十大精神放曙光》《传党音》等，让宣讲走“心”又有“新”，使“理论宣讲赶大集”成为百姓津津乐道的新活动。为了满足不同受众群体的个性化理论学习需求，把理论宣讲送至最贴近人民群众的场景，传统的理论宣讲阵地正在不断地拓展，出现在人们各式各样的生活场景之中，不只是在大集上，城市广场、公园凉亭、村头树下、农家院落都在逐渐融入理论

① 《习近平谈治国理政》第 3 卷，外文出版社 2020 年版，第 312 页。
② 《习近平谈治国理政》第 3 卷，外文出版社 2020 年版，第 313 页。

宣讲的阵地之中，打通理论走进群众的“最后一公里”，打造一个个别具特色的流动宣讲小阵地。

到基层公共场所宣讲。城市广场、社区公园、商业中心、乡村广场等是基层群众在日常生活中开展休闲娱乐活动的主要场所。要在这些群众经常出入的基层公共场所开展理论宣讲，选择贴近群众日常生活的理论主题，充分利用宽敞的空间和宽松的氛围，采取群众喜闻乐见的形式，在轻松愉悦的氛围中让理论宣讲成为人民群众日常文化生活的一部分；充分挖掘利用实地教学资源，在历史文化遗址、红色教育基地、主题教育展览馆等场所，为群众搭建身临其境的理论宣讲舞台，在实地考察体验中加深理论学习的感悟，不断满足群众多元需求，促进党的创新理论不断走近群众。

到基层工作现场宣讲。针对许多岗位工作节奏较快、业务繁忙等客观实际，要加强理论宣讲专业指导，结合各行各业群众的发展目标需求，紧密围绕基层工作的特点和群众的需要，从党的创新理

≫ 2022 年 10 月，山东省基层理论宣讲先进个人韩思惠向群众宣讲党的二十大精神

论出发，针对当前各行各业所关注的政治经济形势、惠民政策、安全生产等主题，选择工作过程休息时间段，有针对性地为各类单位企业送讲上门，深入企业园区和工厂车间，助力基层群众结合日常工作更好地理解和把握党的创新理论的基本精神、基本内容、基本要求，更好地用党的创新理论武装头脑、指导实践、推动工作。

2. 基层一线理论宣讲的发展优势

只有在坚守传统阵地的基础上，在理论宣讲工作中贯彻以人民为中心的发展理念，紧密结合基层群众实际，在严肃认真的传统理论宣讲环境中增添欢快活泼的因素，有效规避理论宣讲的边际递减

>> 在山东省青岛市市北区，有这样一位年逾古稀仍活跃在宣讲一线的金牌宣讲员——董秀格。2013 年 11 月，董秀格退休后报名参加了市北区百姓宣讲员选拔赛，并以第一名的成绩成为区“百姓宣讲员”，这一讲就是 10 年。10 年来，她深入全区 22 个街道、100 多个社区、学校、部队等，累计义务宣讲 781 场。“深挖故事、播放照片、说学逗唱”，这是董秀格在 781 场宣讲中的总结

效应，打造“家门口”的理论宣讲基层一线阵地，才能更好助力理论宣讲横到边、纵到底。

理论宣讲基层一线阵地吸引力强。这些阵地深深扎根人民群众生活，始终建立在接近人民群众的第一线，与人民群众生产生活实际密切相关，能够将“走向会场听宣讲”转变为“走进人民送宣讲”，尽最大可能为人民群众学习理论知识提供便利条件，最大限度地节约参与宣讲活动的各类成本，使人民群众不耗费过多时间、精力就能投身参与其中。工作中还要采取最适合基层一线场景的宣讲形式，充分考虑人民群众获取理论知识的接受习惯，让宣讲内容更加接地气，拉近与人民群众之间的距离，凝聚起人民群众参与理论学习宣讲的意愿。

理论宣讲基层一线阵地实效性强。身处在什么样的场景环境之中，就能更好地思考什么样的问题。深入人民群众工作生活第一线，近距离观察接触各类真实的工作生活场景，提前谋划与基层一线场景密切相关的理论学习主题，面对面、心贴心与人民群众交流，能促使理论宣讲主体对宣讲工作进行全方位反思，在基层一线的讲台上迸发更多灵感，讲出更多接地气、贴生活的金牌课程。在相对熟悉的场景中，人民群众更愿意也更容易结合生产生活实际，在理论宣讲学习中积极思考提问，两方同时发力促进增强基层宣讲的针对性，让理论宣讲内容更为生动丰满，让理论宣讲效果更加真实有效。

理论宣讲基层一线阵地灵活性强。在基层一线开展理论宣讲不拘泥于地点、形式，不局限于正规的会场、报告厅等，一张桌子、几把椅子就可在田间地头、街头巷尾等组成一个宣讲场地。相较于传统的线下集中宣讲，有效精简流程，避免过度包装，更加突出灵活性和方便性，在合适的时机做适合的理论宣讲，组织宣讲人员与基层干部群众经常相聚、轻松说事、柔性论理，在“固定地点”上“见缝插针”开展“流动课堂”，让基层宣讲活动多维呈现，以更强的灵活性赋予理论宣讲更鲜活的生命力。

3. 基层一线理论宣讲的不足

到基层一线开展理论宣讲，是有效弥补理论宣讲传统阵地短板的重要途径，我们在坚定信心决心，积极主动拓展基层一线阵地的同时，从一开始就要重视其呈现的缺点和不足，虚心接受、悉心探索，为打造一个坚强有力的基层一线阵地查缺补漏。

首先，现阶段基层一线理论宣讲的开展频次不定。相关的宣讲活动虽然有突出的机动性和灵活性，但稳定性较差，在基层一线开展宣讲活动往往缺少固定的时间频次和详细的组织策划，较难形成系统性的品牌活动；且一般在重要时间节点开展活动，常规性活动的比例较低，缺乏持续性，对理论宣讲受众群体而言不确定因素较多，故而会降低其在群众的预期。

其次，在基层一线开展的一些理论宣讲质量参差不齐。有的基层一线宣讲过于强调宣讲内容和宣讲形式的通俗性和趣味性，缺乏权威性和学术性，导致理论宣讲不准确、不系统、不深入，学习效果往往只浮于表面。面对复杂多样的基层现状，有时不能准确把握宣讲主题内容与所处情境的内在关联，导致理论宣讲流于形式，所讲内容不能给受众带来实际影响效果。

最后，资源分配不均的问题也在不同地区以不同程度存在。在一些经济较为发达、资源丰富的地区，人才、设施和经费等都为开展基层一线理论宣讲提供了充足的支撑，一些形式丰富、长期开展的活动越来越多地出现在发达地区的各个角落；而在一些经济发展较为落后、资源匮乏的地区，理论宣讲资源相对较少，难以提供基层一线高质量宣讲开展的条件，往往只能开展一些形式简单、内容单一的活动。

4. 基层一线理论宣讲的查缺补漏

基层一线的理论宣讲活动正在被越来越多的人接受和认可，逐渐产生越来越广泛的影响，在关注其发展的同时，更应推动其逐渐完善，以更加全面的姿态与理论宣讲的传统阵地形成有效互补，不断推动党的创新理论成果家喻户晓、深入人心。

一是要加强阵地建设，打造系列品牌。要加强在基层一线开展理论宣讲的统筹谋划，提高制度化和规范化的水平。一方面要促进宣讲活动从特殊走向常规，努力推动活动日期从重要时间节点向日常生活拓展，真正转变为人民群众日常休闲生活中的重要组成部分；另一方面要促进宣讲活动从常规走向固定，真正让人民群众提前了解相关理论宣讲的近期安排，努力推动单一主题活动向系列品牌活动的升华，打造一个个群众喜闻乐见、满心期盼的活动品牌。

二是要加强专业指导，提升宣讲质量。要加强对基层一线理论宣讲的审查和监管，在兼顾趣味性的同时提高活动的准入门槛，参照传统阵地的宣讲质量，对内容确定、流程编排等给予高度重视和悉心指导；邀请更多理论政策专家加入基层一线宣讲队伍，深入公园广场、企业车间、田间地头，对现有特色活动提出专业指导意见，并将他们的理论讲台融入基层一线的情景之中，为基层一线的理论宣讲活动增添理论性与学理性，在一线课堂打造出一堂堂具有实践特色和风格的理论“金课”。

三是要加强统筹分配，推动资源下沉。要加强对基层一线理论宣讲的重视和支持，加大对理论宣讲的投入力度，加强对宣讲资源的统筹分配，重点关注经济社会和文化发展水平较为落后的地区，加强区域间的合作与交流，建立点对点的文化帮扶制度，共享理论宣讲资源，促进宣讲资源的合理配置；借助党校和高校等的资源优势，发挥引领带动作用，发扬责任担当精神，推动高质量课程资源下沉基层，结合志愿服务、文化下乡等形式，让更多人民群众接触到优质宣讲资源，让高质量的理论宣讲惠及全体人民。

历史回溯

红军长征中的政治宣传

80多年前的中国工农红军长征，是举世闻名的壮举，而中国共产党在长征途中的思想政治工作，则是这一壮举得以完成的重要保障。在物资极其匮乏，斗争形势极为严峻的长征途中，红军利用一切可以利用的资源，开展形式多样的政治宣传工作，写下了中共思想政治工作史上最为光彩的篇章之一。

红军长征共经过了11个省，如江西、湖南、贵州遵义等地区，均以汉族居民为主。在这些地区，红军每到一处，即发出安民布告，撰写张贴标语、散发传单，召开群众大会，用实际行动安定民心，团结民众。比如，红军进占遵义城后，召开了遵义市空前规模的群众大会，会场设在第三中学的操场上。毛泽东与朱德先后登台宣讲。毛泽东向大家讲解了共产党与红军的各项政策，说明了共产党愿意联合国内各界人民、各方军队一致抗日。接着朱德介绍了红军的三大纪律八项注意。而“每个红军兵士都晓得三大纪律和八项注意”，是红军能够赢得沿途民众支持和帮助的重要原因之一。

长征中，红军每经过一个城镇、村寨，都会利用标语、口号、传单、报纸杂志、集会演讲、歌曲歌谣、漫画等宣传革命真理，宣传共产党的政策主张。以标语为例，有墨写的，有炭灰写的，有写在纸上张贴的，有写在墙壁上的，有写在门板上的，有刻写在石头上的，字体有楷体、草体，颜色有黑色、红色等，字数有长有短。

——谢东莉：《红军长征中的政治宣传》,《党史文汇》2016 年第 8 期

（三）抢占线上空间，加强前沿引领

习近平总书记在全国宣传思想工作会议上强调：“我们必须科学认识网络传播规律，准确把握网上舆情生成演化机理，不断推进工作理念、方法手段、载体渠道、制度机制创新，提高用网治网水平，使互联网这个最大变量变成事业发展的最大增量。”[①]随着网络信息技术的发展，信息传播的新应用、新模式不断涌现，日益占据人民群众的日常文化生活，给人民群众获取信息咨询提供了更多的途径和更广的视角。

互联网线上空间已经成为人们获取信息、交流思想的重要场所。“过不了互联网这一关，就过不了长期执政这一关”[②]，互联网这一线上的思想理论阵地，如果我们不去全力争取，就会给其他别有用心

① 《习近平关于网络强国论述摘编》，中央文献出版社 2021 年版，第 13 页。
② 《习近平著作选读》第 2 卷，人民出版社 2023 年版，第 147 页。

之人可乘之机。开展好新时代的理论宣讲工作，互联网线上空间是我们必须抢占的阵地，要充分利用线上理论宣讲的优势特点，让高质量、有价值的理论宣讲学习无所不在、无时不有，使其成为传统阵地和基层阵地的有效补充。

1. 线上理论宣讲的一般形式

随着互联网技术的飞速发展，在线上开展理论宣讲逐渐成为一种普及化、大众化的宣讲方式，各式各样的线上活动已经频繁出现在人们的日常生活中，被人们广泛接受，成为大家网络生活中重要的组成部分。

一是线上直播。观看网络直播已经成为人们在日常生活中获取资讯信息、丰富业余生活的重要途径。利用线上网络直播开展线上

2022年12月8日，江苏省淮安市淮阴区淮高镇党员志愿者通过网络直播宣讲党的二十大精神

理论宣讲，将传统的宣讲课堂和基层的宣讲舞台搬到云端，一方面可以利用实时直播，让在一时一地举办的大型理论会议、研讨等在线上同步进行，通过线上直播间的形式给更多人参与学习的机会；另一方面也能通过主题直播的形式，围绕某一理论宣讲专题，邀请众多相关领域的专家学者会聚到一场宣讲活动之中，实现线上轮番宣讲，达到其他类型宣讲无法带来的效果。

二是专题网站。理论学习专题网站是线上理论宣讲各类资源的集大成者，充分发挥了线上平台集聚资源的优势，能够涵盖主题之下海量的理论宣讲资源，并且做好规范整理、分类展示等各项工作，在为理论宣讲建档留痕的同时，也为人民群众打造了一座唾手可得、琳琅满目的知识宝库。如由人民网·中国共产党新闻网承办的“学习贯彻习近平新时代中国特色社会主义思想主题教育官方网站”，聚焦党中央关于在全党深入开展学习贯彻习近平新时代中国特色社会主义思想主题教育的重要精神和决策部署，紧紧围绕习近平总书记重要活动和重要讲话宣传阐释，集中展现主题教育进展情况和实际成效，及时反映主题教育中的经验做法和先进典型，官网设置“权威发布”“进展动态”“学习服务”等10余个栏目，为广大党员干部群众跟进学习习近平新时代中国特色社会主义思想，及时了解主题教育开展情况提供权威平台。

三是融媒产品。以短视频、图解、推文、H5等主要传播形式，出现在人民群众经常使用的“学习强国”学习平台、微信、抖音、微博等各类网络平台中，这类理论宣讲融媒产品，以传统的理论学习资源为基础，结合新媒体呈现和传播的新特点，推出一系列富有移动化和社交化特点的作品，打造一批云宣讲、微党课等品牌活动，既注重思想深度又防止简单片面，精准填补人们日常网络生活中的碎片化时间空白，有效对接当前人民群众网络生活快节奏的需求，有力推动新时代党的创新理论走进人民心中。

2. 线上理论宣讲的新兴特点

线上理论宣讲顺应全媒体时代的发展潮流，凭借其突出的新兴特点，迅速成为最受人们欢迎的理论宣讲方式，为新时代的理论宣讲工作贡献了强大的新兴力量。

在线上开展理论宣讲能打破时空局限。线上助力促进理论宣讲全覆盖，摆脱传统理论宣讲模式对宣讲时间和特定空间的限制，进一步打破传播瓶颈。就时间而言，通过实时直播、在线点播、全程回看等形式，线上理论宣讲推动实现理论知识及时学、随时学、时时学，人民群众从而可以根据自己的时间安排来选择参与；就空间而言，通过互联网技术可以将宣讲内容传输到各个角落，只需要一台接入网络的电脑或手机，人民群众就可以参与到宣讲活动中，突破了空间上的限制，也缓解了资源分配不均的情况，在人民群众的日常生活中营造出无所不有、无时不在的理论学习氛围。

在线上开展理论宣讲能强化资源集中。传统的理论宣讲需要综合依靠人力、物力和场地等资源，而这些资源往往是有限的，很难做到最优的分配和使用，在线上开展理论宣讲，可以通过技术支持整合各种资源，集中力量实现资源利用的最大化。一是集中宣讲资源，将优秀教授专家等宣讲者的视频、音频、文字等资料进行整合和共享，让更多受众能够接触到优质的宣讲资源；二是集中媒体资源，针对多样化、个性化理论需求，可以利用各类最新的媒体呈现方式，以最吸引受众的作品，构建起多层次、多渠道、多样式立体宣传格局，营造强大声势和浓厚氛围。

在线上开展理论宣讲能深化纵深交互。突出的交互性是网络媒体的最大优势，合理运用技术有效开展线上宣讲，能进一步弥补其他形式宣讲在交流互动方面的短板和弱项。各类线上参与方式都为参与者预备了各种互动形式，在各类技术支持下，即使参与者不愿意公开自己的个人信息，也可以与讲授者完成有效互动。此外，新媒体技术如交互 VR 等使得各类高质量、多信息的互动成为可能。在参与宣讲时，只需使用鼠标，就可以获取与宣讲主题相关的海量信息，在线上实现身临其境，成为理论宣讲中涉及的主角，以极强的代入感充分学习吸收相关理论成果。

3. 线上理论宣讲的弱项

在线上理论宣讲蓬勃发展的背后，我们必须对这一新兴阵地时刻保持高度的警惕性，清醒地看到其发展背后的短板弱项。

一是舆论风险性高。在意识形态斗争领域，互联网逐渐成为兵家必争的战场，一些利益集团利用互联网的跨国性、渗透性，广泛运用信息化手段推动“颜色革命”，持续增加我们防范“颜色革命”风险的难度。另外，当前线上平台的开放性和匿名性，也导致一些别有用心之人更加随心所欲和大胆，利用互联网平台散布虚假信息、恶意攻击他人，以达到自己的目的，这对理论宣讲效果产生了负面影响。

二是技术依赖性强。在线上网络平台开展理论宣讲需要借助互联网平台和技术支持，但如果遇到网络故障、技术问题或者平台崩溃等情况，会对宣讲的效果产生不良影响，增加了理论宣讲的不确定性和不可控性；参与线上网络宣讲，需要受众掌握一定的网络常识，拥有基本的设备支持，从而提高了人民群众参与的门槛，导致一些群体因各类原因无法共享高质量的新形式理论宣讲。

4. 线上理论宣讲的提质增效

一是要强化政治引领，确保方向正确。面对纷繁复杂的舆论斗争形势，在线上开展理论宣讲一切工作的前提是强化政治引领，确保正确的政治方向，在网络阵地中始终高举意识形态这面旗帜，突出思想引领，弘扬主旋律，传播正能量。要深入学习贯彻习近平新时代中国特色社会主义思想，加强理论武装，引导组织者和参与者增强“四个意识”、坚定“四个自信”、做到“两个维护”，确保线上网络理论宣讲始终在党的领导之下，坚决抵御各类风险挑战，坚定承担起新时代理论宣讲的职责使命。

二是要加强实时监管，完善应急预案。必须加强对线上理论宣讲的实时监管，及时发现和处理不良信息，防止恶意攻击和诽谤等行为，保障宣讲的正常进行，确保达到预期效果，维护风清气正的网络理论学习环境。另外，要完善应急预案，在做好前期问题排查的基础上，完善突发情况的备选方案，有效应对诸如直播类宣讲的突发技术故障等问题，同时要做好舆情应对工作，确保在面对个别突发事件时能够及时、有效地应对，维护理论宣讲的积极正面形象。

三是要坚持协调联动，注重成效转化。在线上开展理论宣讲既需要与相关部门、机构、媒体等形成联动，利用多种渠道和平台进行宣讲内容的传播和推广，扩大宣讲的覆盖面和影响力；又需要与线下的理论宣讲加强协调，在用好线下理论宣讲这个根本基础的前提下，做好线下与线上的衔接，为线上空间的开拓提供强有力的支撑，让线下线上衔接联动成为各类理论宣讲的常态。同时要注重成效的转化，及时关切回应人民群众在线上理论学习过程中的呼声，解决思想问题与解决实际问题相结合，进一步增强理论宣讲的说服力、实效性。

文献阅读

把宣传思想工作做得更好（节选）

（二〇一三年八月十九日）

宣传思想工作一定要把围绕中心、服务大局作为基本职责，胸怀大局、把握大势、着眼大事，找准工作切入点和着力点，做到因势而谋、应势而动、顺势而为。

宣传思想工作就是要巩固马克思主义在意识形态领域的指导地位，巩固全党全国人民团结奋斗的共同思想基础。党员、干部要坚定马克思主义、共产主义信仰，脚踏实地为实现党在现阶段的基本纲领而不懈努力，扎扎实实做好每一项工作，取得“接力赛”中我们这一棒的优异成绩。领导干部特别是高级干部要把系统掌握马克思主义基本理论作为看家本领，老老实实、原原本本学习马克思列宁主义、毛泽东思想特别是邓小平理论、“三个代表”重要思想、科学发展观。党校、干部学院、社会科学院、高校、理论学习中心组等都要把马克思主义作为必修课，成为马克思主义学习、研究、宣传的重要阵地。新干部、年轻干部尤其要抓好理论学习，通过坚持不懈学习，学会运用马克思主义立场、观点、方法观察和解决问题，坚定理想信念。

要深入开展中国特色社会主义宣传教育，把全国各族人民团结和凝聚在中国特色社会主义伟大旗帜之下。要加强社会主义核心价值体系建设，积极培育和践行社会主义核心价值观，全面提高公民道德素质，培育知荣辱、讲正气、作奉献、促和谐的良好风尚。

——《习近平著作选读》第1卷，人民出版社2023年版，第147—148页

七

铸弓锻箭制法宝

——怎样开展新时代理论宣讲工作?

2020 年 6 月 27 日，习近平总书记给复旦大学《共产党宣言》展示馆党员志愿服务队回信，勉励他们继续讲好关于理想信念的故事，鼓励他们“在学思践悟中坚定理想信念，在奋发有为中践行初心使命”①。心有所信，方能行远。一直以来，“星火”党员志愿服务队不断创新讲解形式，积极探索“互联网 + 党建”“党史 + 美育”，打造“宣言精神”“追望大道”“红色基因”“强国追梦”四大系列课程，形成针对不同学段的 30 余门思政课。他们的足迹遍及中小学课堂，遍及上海市的红色脉络，累计服务各界参观者近 10 万人次，展现了新时代理论宣讲的新气象。

时代每向前发展一步，理论宣讲工作也要前

① 习近平:《论党的青年工作》，中央文献出版社 2022 年版，第 139 页。

≫ 电视理论节目《中国智慧中国行》《思想耀江山》

进一步。新时代党的创新理论宣讲工作面临新形势新变化，要求我们深刻把握当前的时代特点、社会变化和人民需要，不断改进工作思维方式和宣讲方法手段，助力推动党的创新理论“飞入寻常百姓家”。当前，“上下一般粗”“大水漫灌”的传统宣讲方式显然已经不能满足广大群众日益多样的理论需求。理论宣讲只有考虑不同行业、不同领域、不同群体的差异性和特殊性，注意“把握大势、区分对象、精准施策”，才能有的放矢地满足各类人群的多维需求。因此，开展新时代理论宣讲工作必须及时总结实践中的好经验、好做法，在对象化、分众化、互动化宣讲上下功夫，在内容与形式、需求与供给的统一中增强宣讲的说服力、亲和力，推动党的创新理论成果深入人心、落地生根。

（一）细化宣讲对象，让理论宣讲抓“矢”更射“的”

2022 年 10 月 25 日，习近平总书记在二十届中央政治局第一次集体学习时，向全党发出了“学习宣传贯彻党的二十大精神”[①] 的号

---

① 《习近平在中共中央政治局第一次集体学习时强调　全面学习把握落实党的二十大精神　奋力夺取全面建设社会主义现代化国家新胜利》，《人民日报》2022 年 10 月 27 日。

令。一时间，学习宣传贯彻党的二十大精神成为全党全国的首要政治任务。在习近平总书记亲自关心指导下，中央宣讲团迅速赴各地宣讲，推动各地方各部门兴起学习宣传贯彻热潮。从中央宣讲团奔赴全国各地与干部群众面对面互动交流，到各地精心组织面向基层的对象化、分众化、互动化宣讲活动，从一本本权威读物、一篇篇理论文章到一个个创新节目，吸引人的形式、动人心的语言，新时代党的创新理论更加有效地走进基层、走进群众。

1. 机关干部怎么讲

理论素养是机关干部最基本、最重要的素养。习近平总书记在中央党校建校90周年庆祝大会暨2023年春季学期开学典礼上发表重要讲话强调："理论修养是领导干部综合素质的核心，理论上的成熟是政治上成熟的基础，政治上的坚定源于理论上的清醒。"[①]对于机关干部而言，只有牢牢掌握马克思主义这个看家本领，才能提高政治站位，增强自身的政治判断力、政治领悟力和政治执行力。面向机关干部开展宣讲，必须立足高标准、高要求，把新时代党的创新理论讲深、讲透、讲实。

讲深，就是用精确权威的阐释来解读理论，以彻底的理论说服人，阐明真理。面向机关干部开展宣讲，必须深入阐释好习近平新时代中国特色社会主义思想的核心要义、精神实质、丰富内涵、实践要求，揭示党的路线方针政策蕴含的客观规律性。要讲清楚无论时代如何变化、社会如何发展，马克思主义基本原理依然是

① 习近平：《在中央党校建校90周年庆祝大会暨2023年春季学期开学典礼上的讲话》，《求是》2023年第7期。

科学真理。通过宣讲使机关干部充分认识到我们党和国家事业之所以取得历史性成就、发生历史性变革，根本在于坚持把马克思主义基本原理同中国具体实际相结合、同中华优秀传统文化相结合，不断推进马克思主义中国化时代化，深刻感悟马克思主义的真理力量。

讲透，就是要坚持问题导向、释疑解惑，将抽象的理论讲得更加形象生动。面向机关干部开展宣讲，要聚焦机关干部在实际工作和生活中存在的问题。同时针对机关干部在理论学习教育工作方面的困惑和迷思，要理清理论脉络，以透彻的学理分析回应受众。要全面围绕习近平新时代中国特色社会主义思想的科学体系和基本观点展开，讲清楚贯穿其中的立场、观点、方法，讲清楚党中央大政方针和决策部署，以透彻的学理分析回应干部诉求，引导广大机关干部自觉做习近平新时代中国特色社会主义思想的坚定信仰者和忠实践行者。要立足世界百年未有之大变局的时代背景，准确把握基本国情，结合受众的业务领域和工作特点，有侧重、有选择地对机关干部关注的理论问题进行解读答疑。

讲实，就是要坚持理论联系实际，增强宣讲实效。习近平总书记指出："要全面把握党的二十大作出的各项战略部署，紧密联系我国发展面临的新的战略机遇、新的战略任务、新的战略阶段、新的战略要求、新的战略环境，深刻认识实现全面建设社会主义现代化国家各项目标任务的艰巨性和复杂性，增强贯彻落实的自觉性和坚定性。"[①]新时代的理论宣讲要结合工作中的感受和思考，深入研究全

① 《习近平在中共中央政治局第一次集体学习时强调　全面学习把握落实党的二十大精神　奋力夺取全面建设社会主义现代化国家新胜利》，《人民日报》2022 年 10 月 27 日。

面建设社会主义现代化国家新征程中的重大理论和实践问题，找准理论和实践的结合点、突破口，引导机关干部强化担当意识，将实现中华民族伟大复兴的历史使命内化为担当的自觉，外化为实际的行动，真正把科学原理和科学精神运用到统揽伟大斗争、伟大工程、伟大事业、伟大梦想的实践中。

2. 企业职工怎么讲

2023 年 10 月 23 日，习近平总书记在同中华全国总工会新一届领导班子成员集体谈话时强调："要加强思想政治引领，做好职工思想政治工作，教育引导广大职工坚定不移听党话、跟党走，确保工人阶级始终是我们党最坚实最可靠的阶级基础。"① 企业职工是社会主义市场经济的重要参与者，也是改革发展成果的受益者，更是推动我国经济发展的重要力量。在以国内大循环为主体、国内国际双循环相互促进的新发展格局下，在企业内外环境的不断变化中，企业职工的思想观念、价值取向和行为方式也发生了一些相应的改变。对企业职工开展宣讲，要因时制宜，从他们感受最直接和最深刻的问题入手，拉近与企业职工的距离，引发共鸣，真正把理论讲到职工的心坎上。

讲清形势，坚定信心。要把中央对当前经济形势的认识和判断传达到位、阐释到位，既要通过专业的视角、翔实的统计数据和鲜活的经济案例，全面准确分析当前经济形势，展现新时代经济稳中向好、韧性强、潜力足、预期好的良好态势；又要正视国内外复杂

① 《习近平在同中华全国总工会新一届领导班子成员集体谈话时强调 坚持党对工会的全面领导 组织动员亿万职工积极投身强国建设民族复兴伟业》，《人民日报》2023 年 10 月 24 日。

严峻的经济形势，科学理性分析经济运行中存在的困难和挑战，充分认识到中国特色社会主义市场经济的独特优势，增强应对危机、克服困难的信心和决心。在山东省青岛市总工会召开惠企政策宣讲会上，市总工会财务部负责人向小微企业工会代表们详细解读了小额缴费工会组织经费支持政策的对象、期限和办理流程等内容，并向部分小微企业重点宣传和解读最新的工会惠企支持政策，从而进一步优化营商环境，助力企业发展。

讲清路径，集结动力。党的二十大报告指出："高质量发展是全面建设社会主义现代化国家的首要任务。"[①]对企业职工开展宣讲，必须做足功课，掌握企业所属行业的基本情况和发展态势，对接相关管理部门，了解相关政策措施，引导企业职工掌握经济形势研判科学方法，用好用足政策，增强在新时代应对复杂形势、复杂问题的斗争本领，找出化危为机的新路子。在河北省重点企业神州机械的生产车间内，一场提神振气的宣讲会正在进行。河北省唐山市路南区委宣传部、区委党校理论宣讲骨干和理论宣讲志愿者组成宣讲小分队，结合党的二十大报告中关于低碳绿色转型、安全生产、诚信建设等方面内容，与企业职工进行了交流研讨，引起了大家强烈共鸣，进而激发企业职工将主题教育宣讲中获得的思想成果转化为奋进新征程的实践动力。

3. 社区居民、农村村民怎么讲

社区居民、农村村民是新时代理论宣讲工作的最终端。虽然他

① 习近平：《高举中国特色社会主义伟大旗帜　为全面建设社会主义现代化国家而团结奋斗——在中国共产党第二十次全国代表大会上的报告》，人民出版社 2022 年版，第 28 页。

们的理论素养参差不齐，但都有接受理论宣讲、参与理论宣讲的热情和积极性。新时代新征程，我国社会主要矛盾已经转化为人民日益增长的美好生活需要和不平衡不充分的发展之间的矛盾。这要求理论宣讲要带着强烈的问题意识深入人民、取材于民、问需于民、为民造福。因此，面向社区居民、农村村民宣讲要尊重群众意见，倾听群众反馈，多运用对话性话语与群众交流谈心。湖南省湘西土家族苗族自治州各级乡村振兴单位和1802支驻村工作队的4855名驻村第一书记和工作队员，深入1789个村（社区）和147个易地扶贫搬迁安置区，在一场场“接地气”“有热气”的宣讲中，现场征集群众急难愁盼问题，帮助圆梦“微心愿”1.2万余个，用基层的生动实践展现理论来自人民、为了人民、造福人民，从而使新时代党的创新理论更加为人民所喜爱、所认同、所拥护。

为此，在宣讲中就要将习近平新时代中国特色社会主义思想与中国特色社会主义的生动实践、老百姓的火热生活、群众身边可知可感的人和事联系起来，让听众切实感受到新时代党的创新理论的立场高度、理论深度、创新亮度、情感温度，真正做到解思想之渴、释理论之惑，提升群众的理论获得感。要从基层群众能理解的角度，将理论阐发与史实、案例、数据等结合起来，通俗易懂、声情并茂地讲出习近平新时代中国特色社会主义思想的理论逻辑、历史逻辑和实践逻辑，以讲出接地气的“真道理”服人、以讲出清晰晓畅的“严逻辑”服人、以讲出解决实际问题的“好思路”服人。理论宣讲要把中国共产党为什么能、中国特色社会主义为什么好、马克思主义为什么行等重大理论和现实问题讲深、讲透。同时引导人民群众理性分析现实问题，在辨明大是大非、真假黑白中，坚定对马克思主义的信仰、对中国特色社会主义的信念、对实现中华民族伟大复兴中国梦的信心。通过宣讲激扬基层群众的思想活力，将他们真正带入习近平新时代中国特色社会主义思想的理论场域、逻辑场域和实践场域。

4. 青年学生怎么讲

2014 年 5 月 4 日，习近平总书记在北京大学师生座谈会上的讲话中指出，“青年的价值取向决定了未来整个社会的价值取向，而青年又处在价值观形成和确立的时期，抓好这一时期的价值观养成十分重要。这就像穿衣服扣扣子一样，如果第一粒扣子扣错了，剩余的扣子都会扣错。人生的扣子从一开始就要扣好”[①]。面向青年学生开展宣讲，必须抓住青年学生思维活跃、善于思考的特点，遵循思想政治教育规律、教书育人规律、学生成长规律，帮助青年学生“扣好人生第一粒扣子”。

对青年学生开展宣讲必须紧紧围绕立德树人的根本目标。习近平总书记一贯高度重视对青年学生的教育培养，明确要求“把立德树人作为教育的根本任务”[②]。对青年学生而言，宣讲环节的安排和设计要紧紧围绕“立德树人”的宣讲目标展开，始终坚持过程与实效的统一，在不断细化优化强化宣讲各要素的过程中取得成效。要把握宣讲内容的准确性、科学性，深入浅出地将理论问题化大为小、化繁为简，以深入透彻的理性思考、生动而富有吸引力的内容编排，将复杂的理论、深奥的问题、抽象的概念形象化具体化，帮助青年分析其深层次的原因和时代背景，从而认清国家的发展趋势和历史潮流，切实增强宣讲内容的表现力、艺术性、深刻性。要不

① 习近平：《论党的青年工作》，中央文献出版社 2022 年版，第 76 页。
② 习近平：《在教育文化卫生体育领域专家代表座谈会上的讲话》，人民出版社 2020 年版，第 3 页。

断创新理论宣讲的传播手段和话语方式，积极融入新媒体、新技术等年轻人善于使用、易于接受、乐于传播的形式，以小队伍、小事例、小切口讲明大道理、大方向、大成就，让理论宣讲更加通俗、更加生动、更有时代感和吸引力。比如，可以通过“文艺舞台”“社团活动”“座谈会”“运动场”等形式与学生生活“亲密接触”，用“青言青语”讲好讲透讲活党的创新理论的精髓要义以及蕴含其中的道理学理哲理，引导青年学生从中学立场、学观点、学方法。

对青年学生开展宣讲要与现实生活相结合，与学生成长成才相结合。可以利用大学生党团组织生活会，让支部成员结合自身成长经历、工作学习体会，相互交流学习收获、人生规划，并以轮流讲“微党课”的形式进行理论宣讲；还可以结合青年学生实际和社会需要，通过实地调研、交流访学、基层实习等形式进行宣讲，鼓励青年学生用脚步丈量祖国大地、用眼睛发现中国精神、用耳朵倾听人民呼声、用内心感应时代脉搏，自觉做好中国精神的信仰者、传播者和践行者，有效做到知行合一、教学相长。此外，在宣讲过程中还要注重收集、采纳青年学生的意见，形成完善的宣讲体系，多设置双向交流互动环节，及时与青年学生开展座谈会、总结会，建立共同愿景，激励青年学生将小我融入大我，将个人理想融入国之大业，让青春在祖国最需要的地方绽放绚丽之花。

文献阅读

反对党八股（节选）

现在是在战争的时期，我们应该研究一下文章怎样写得短些，写得精粹些。延安虽然还没有战争，但军队天天在前方打仗，后方也唤工作忙，文章太长了，有谁来看呢？有些同志在前方也喜欢写长报告。他们辛辛苦苦地写了，送来了，其目的是要我们看的。可是怎么敢看呢？长而空不好，短而空就好吗？也不好。我们应当禁绝一切空话。但是主要的和首先的任务，是把那些又长又臭的懒婆娘的裹脚，赶快扔到垃圾桶里去。或者有人要说：《资本论》不是很长的吗？那又怎么办？这是好办的，看下去就是了。俗话说："到什么山上唱什么歌。"又说："看菜吃饭，量体裁衣。"我们无论做什么事都要看情形办理，文章和演说也是这样。我们反对的是空话连篇言之无物的八股调，不是说任何东西都以短为好。战争时期固然需要短文章，但尤其需要有内容的文章。最不应该、最要反对的是言之无物的文章。演说也是一样，空话连篇言之无物的演说，是必须停止的。

——《毛泽东选集》第3卷，人民出版社1991年版，第834页

（二）创新宣讲形式，让理论宣讲走"新"更润"心"

2017年12月，6集理论电视节目《厉害了，我们的新时代》在央视等媒体首播，引发热烈反响。节目以党的十九大精神和习近平新时代中国特色社会主义思想为主线，邀请理论专家系统解读、青年学者和基层代表畅谈体会、场内外观众互动讨论，同时引入观众喜爱的智能机器人、动画、饶舌说唱等趣味形式，生动呈现新时代新思想的丰富内涵和重大部署，以社会大众特别是青年群体的视角领会党的十九大精神、学习习近平新时代中国特色社会主义思想、感悟新时代新征程新气象新作为，让党的创新理论更加接地气，学

起来更加有动力。

习近平总书记指出,"新时代以来,党的理论创新和实践创新是十分生动的,我们的学习也应该是生动的","学习不能仅停留在记住一些概念和提法"。[①] 新时代理论宣讲工作既需要科学精准的内容阐释,也离不开生动活泼、引人入胜的宣传形式和载体。在数字时代和新媒体环境下,我们既要对传统宣讲方式进行改造提升,又要用好新型媒体平台,通过富有新意的理论宣讲提升干部群众学习习近平新时代中国特色社会主义思想的自觉性,真正实现新时代理论宣讲的价值和意义,让理论宣讲形式走"新",内容更润"心"。

1."活动+"宣讲,做活特色文章

在现实工作中,单纯的理论宣讲在频次和受众范围上还难以达到让党的创新理论"飞入寻常百姓家"的要求。这就要求我们把宣讲与各类活动结合起来,把理论宣讲寓于主题教育、文艺演出、文明宣传、志愿服务、技术培训等活动中,配合活动主旨,采用相应的宣讲技巧,提升宣讲吸引力。要精准把握受众需求,开展有特色的对象化、分众化、互动化的宣讲活动,改变"一篇通稿讲一片"的现象,采取"互动式""体验式""对谈式""文艺式"等群众喜闻乐见的宣讲方式,为人民群众献上一场热气腾腾、干货满满的理论大餐。

做好主题宣讲。主题宣讲是传达阐释党的重要会议精神、重大决策判断、重要指示要求的主要形式。在党的历次全国代表大会和中央全会后,全党上下都会围绕学习贯彻会议精神展开宣讲活动,

① 习近平:《在二十届中央政治局第一次集体学习时的讲话》,《求是》2023 年第 2 期。

主要包括领导干部带头开展宣讲、深入包保联系点宣讲、邀请专家学者举办辅导报告等。这类宣讲层次高、权威性强，是理论宣讲工作的主干。当前，结合学习贯彻习近平新时代中国特色社会主义思想主题教育，深入基层宣讲习近平新时代中国特色社会主义思想，既能用党的创新理论武装全党，又能保持党同人民群众的血肉联系，确保主题教育取得扎实成效。

做好专题宣讲。做好专题宣讲需要不断丰富宣讲内容，创新宣讲形式，将上级文件精神和党的各项大政方针政策送入寻常百姓家。理论宣讲内容要紧扣中心大局，把新时代党的创新理论作为理论宣讲的中心要点，积极采取“宣讲 +”方式进行。比如，可以把宣讲工作与“我为群众办实事”实践活动紧密结合起来，从如何解决一家一户衣食住行问题的小道理，讲到如何实现中华民族伟大复兴的大道理，紧扣百姓关切点，推动党的创新理论家喻户晓、深入人心。要结合文艺展演、政策解读等方式开展宣讲活动，通过口头“面对面”宣讲、展板“故事式”宣讲、舞台“文艺式”宣讲等多样化的形式，着力在人民群众参与度上下功夫、出点子，找准切入点，以小见大、以点带面，不断提高人民群众参与理论宣讲的自觉性、积极性和热情度。

做好专业宣讲。专业的宣讲才能吸引人，来自实践的宣讲才能感动人。要将各个行业的一线工作者、骨干人才集合起来，利用他们的实践优势、专业优势，帮助受众理解党的方针政策，增强宣讲的感召力。从 2014 年起，由中央宣传部、中央网信办、国家广电总局、中国记协主办的“好记者讲好故事”活动，让记者分享一线采访经历和所思所悟，全面交流增强脚力、眼力、脑力、笔力的真实感受和深刻感悟，自举办以来的历届宣讲在业内备受好评。只有在

≫ 2023 年 4 月 12 日，党的二十大代表、京东集团京东物流快递员宋学文为市民作党的二十大精神宣讲报告

宣讲中充分发挥自身具有的专业优势，分享自己生活和工作中的感悟，才能让理论宣讲深入人心，得到广大群众的认可。

2. “培训 +”宣讲，做足提升文章

做好新时代理论宣讲工作关键在人，优质的宣讲员队伍是开展多层次理论宣讲的重要基础。要充分发挥组织优势，做好培训工作，开展集中备课、试讲、交流研讨等活动，整合基层干部、企业职工、社区工作者、青年学生等资源力量，建立宣讲人才库。邀请专家学者进行培训，培养理论宣讲“领学人”，丰富理论宣讲人才储备。近年来，各地加大对宣讲人才的重视，不断创新队伍建设和培育路径。比如，山东省烟台市建立“言知有悟”宣讲沙龙制度，打造“开口能讲、提笔会写、埋头肯干”的高素质宣讲干部队伍；市县

两级开展常态化宣讲培训，探索“线下＋线上”“实战演练＋专家辅导”的新模式，通过日常挖掘宣讲人才、组织集中试讲、导师结对指导、开展宣讲培训、实境宣讲提升等方式，形成集选拔、培养、输出为一体的宣讲人才精准培育路径。同时有针对性地开展“新老结对”活动，加快后备宣讲人才的成长，使其尽快提升理论修养、提高知识水平、熟悉工作业务、掌握宣讲方法。此外，河南省镇平县采用示范宣讲、即兴宣讲、现场点评、交流座谈等方式，对省级“新时代百姓宣讲员”、市级百姓宣讲团成员、“基层宣讲员”等基层宣讲骨干进行培训，进一步提高基层宣讲工作者的理论素养和宣讲水平。

3. “比赛+”宣讲，做优竞赛文章

理论宣讲比赛是发现宣讲人才、检验基层宣讲队伍业务素质与能力的有效途径，也是不同地区、不同层面、不同部门单位选手各展所长、互相交流、取长补短的重要平台，更是改进宣讲形式、提高宣讲实效的重要措施，对于激发基层理论宣讲的生机与活力具有重要意义。要充分发挥赛事活动作用，组织理论宣讲比赛、理论宣讲案例评比等活动，增强宣讲传播能力，不断吸引受众，扩大理论宣讲的影响力。

*以比赛促交流。*宣讲比赛的参赛者来自各行各业，日常宣讲中面对的受众也各不相同。比赛既是同场竞技的过程，又是分享交流宣讲经验、宣讲技巧的平台。比如，山东省昌乐县在“中国梦·新时代·新使命”百姓宣讲比赛中，专门设置了经验交流环节。优秀获奖选手们依次上台，结合自身工作岗位和宣讲的体会进行宣讲经验的分享与交流，大家畅所欲言，各抒己见，积极发表自己的见解，表达自

己的心声，进一步提高基层宣讲员的宣讲能力水平和宣讲技巧。

以比赛促发展。理论宣讲比赛既是展示自身宣讲风采的平台，也是一次检验自身业务能力的机会。参赛者可以通过宣讲比赛汲取经验，正视不足，为今后的理论宣讲打下扎实的基础。2023 年 4 月以来，重庆市渝中区不断做靓做强“红岩渝理同行”宣讲品牌，坚持把“红岩渝理同行”理论宣讲与“学习新思想　奋进新征程　建设新重庆”微宣讲活动贯通融合，分机关、教育、社区、企业、文化五大领域开展选拔赛。活动邀请了相关单位专家担任评委，从演讲内容、技巧、表演形式和感染力等方面对选手进行评分，为参赛者提供建设性宣讲意见。

以比赛选人才。要将宣讲比赛作为选拔发现优秀宣讲人才的重要方式，积极吸纳优秀宣讲员进入宣讲人才库，注重梳理、规范入库信息，掌握宣讲人才的基本情况和宣讲工作信息，为后续用好宣讲人才资源奠定基础。比如，山东省东营市组织“中国梦·新时代·新使命”宣讲活动、工作室宣讲比武等特色活动，“自下而上”选拔政治素质好、群众基础扎实、热心公益、能言善辩的基层宣讲员，评选一批优秀宣讲导师、优秀宣讲员、优秀宣讲新秀，鼓励和引导各行业骨干力量积极参与到理论宣讲中，组成一支群众喜爱、党员干部认可的宣讲团队。

4.“品牌 +”宣讲，做强样板文章

宣讲品牌体现了一个地区的文化特色和宣讲工作特点，是影响力大、群众广泛接受、认可度高的工作项目。打造可复制、能推广的宣讲工作品牌，有助于以本土特色宣讲擦亮理论宣讲底色，强化基层理论宣讲工作的广度、深度、效度，让老百姓“听得进、听得

懂、记得牢”，推动党的创新理论深入基层、深入群众、深入人心。

打造“文化+”宣讲品牌。文化是一个地区赖以生存和发展的基础。宣讲品牌只有依托本土资源，不断挖掘本土文化底蕴，才能拥有源源不断的发展动力，从而增强宣讲的感染力。近年来，山东省淄博市着眼于文化两创与宣讲的充分融合，持续挖掘特色地域文化，把焦裕禄精神、沂蒙精神、齐文化、聊斋文化等淄博地域性文化融入“裕禄讲堂”“沂源红”“齐学习”“明理胡同”等宣讲品牌，同时，以“齐学习”宣讲为IP，培育“与民齐说”“金言金语”“理润金山”“敬仲讲声”“劳模工匠”“女子夜校”等20余个基层子品牌，用文化底蕴擦亮品牌底色。

打造“时代+”宣讲品牌。新时代理论宣讲要注重运用新媒体新技术，推动传统宣讲方式同信息技术高度融合，使党的创新理论“联网上线”，增强时代感和吸引力。2019年至2023年，中国农业大学马克思主义学院学思宣讲团先后服务学校“玉汝于成——脱贫攻坚伟大事业中的中国农业大学”“初心弥坚——中国农大许党报国的红色故事”和“非凡十年·农大篇章”等大型展览活动的讲解工作，总计开展宣讲活动200余场，服务人数万余人，并将相关宣讲视频通过网络发布，在马克思主义学院官网、中国农业大学视频中心以及全国高校数字马院联盟官网资源库同步上线；并策划“农大光辉耀我心”主题宣讲活动，深化学思宣讲团育人品牌建设，打造好新时代农大青年理论宣讲品牌。

打造“基层+”宣讲品牌。基层宣讲是推动党的创新理论深入一线、深入群众、深入人心的重要途径，是打通理论宣传“最后一公里”的有效手段。打造理论宣讲品牌要走进基层、服务基层、贴近人民群众生活，实现理论“高度”与“温度”的统一。长期以来，广东省广州市白云区着力打造“理响白云”基层宣讲品牌，组织开展系列宣讲“六进”活动，来自辖区各行业代表的宣讲员以“本地人讲本地事”“拉家常式讲”的方式，以真实故事、凡人小事、百姓声音，全景展示了全区党员干部群众踔厉奋发、笃行不怠的精神风貌。白云区通过广泛开展调研、组建宣讲团队、举办宣讲比赛、定制宣讲内容、用活新时代文明实践阵地，让“本地人”讲述“本地事”，“小故事”反映“大主题”，“小平台”实现“大成效”，推动理论宣讲落地生根。

历史回溯

毛泽东：教员要根据学生的情况来讲课

毛泽东在讲党课时善于根据说服教育对象的实际情况，选择不同的语言内容和表达方式，有的放矢、因人施言、对症下药，激起了教育对象思想和情感上的共鸣。他强调：“到什么山上唱什么歌”，“看菜吃饭，量体裁衣”。毛泽东指出：“在教学方法上，教员要根据学生的情况来讲课。……教员也要跟学生学，不能光教学生……就是教员先向学生学七分，了解学生的历史、个性和需要，然后再拿三分去教学生。”井冈山革命斗争时期，毛泽东就多次强调和要求红军宣传员找群众谈话时，首先要放下架子，要看不同对象说不同的话。碰到雇农要讲雇农话、碰到中农要讲中农话、碰到商人要讲商人话、碰到工人要讲工人话，不能讲一大篇。

有一次，在给工人夜校上课时，毛泽东先在黑板上写下“工人”两个大字，然后对工人们说：好些工友埋怨自己命苦，说工人没出息，其实，说起来工人的力量最大。他提高声音说，大家不是说天最大吗？什么是“天”？他指着黑板上写好的“工人”两个大字说：“大家看，‘工’‘人’两个字连起来就是‘天’。”他指着“天”字启发工人们说，大家都说工人没出息的，我看工人是大有出息，关键是要团结起来，团结起来力量大如天。譬如一颗小石子，用脚一踢就踢走了，要是把许多小石子粘成一块大石头，那就搬也搬不动了。这些针对工农特点的极其鲜明而朴实的语言，很容易为工人、农民所接受。

——吴继金：《毛泽东：亲自讲党课宣讲马克思主义》，《世纪风采》2018 年第 5 期

（三）转换宣讲话语，让理论宣讲入“脑”更入“心”

“天南海北山水笑，四中全会出公报，逐字逐句都重要，我们一起唠一唠……”尽管寒风瑟瑟，村民们仍站满了河北省涉县二街村的新时代文明实践站广场，兴致勃勃地观看党的十九届四中全会精神宣讲文艺演出。这样的宣讲把“大道理”讲成“大白话”，通俗易懂，让村民们在清亮的快板声中就记住了相关的理论知识。

宣讲考验的是宣讲者语言的说服力、吸引力，宣讲话语是理论宣讲能否成功的关键因素。习近平总书记每到一处调研，总是喜欢与群众面对面交流，拉近彼此距离，边交流边互动，在亲切的交谈之中就讲清楚了党的治国方略和国家方针政策，用朴实的语言温暖百姓的心灵。因此，在宣讲时应注意转化语言风格，多说方言话，多举身边事，以喜闻乐见、发人深思的故事为“引”，用接地气、有温度、带露珠的宣讲语言感染人心、触动灵魂。理论宣讲绝不是简单重复书本上的理论知识，也不是高谈阔论、没有任何依据，而是

要将枯燥无味的文件语言变成富有“百姓味”“时代味”“真理味”的生动讲述，增强理论宣讲的吸引力和感染力，让人民群众坐得下、听得进、弄得懂、记得牢。

1. 提升理论素养，讲好“普通话”

理论宣讲要坚持政治性。正确的政治导向、精准的理论解读是做好理论宣讲工作的基础。准确传播党的创新理论成果，必须做到内容不变、体系不改、基调不偏。理论宣讲内容要全面围绕习近平新时代中国特色社会主义思想的科学体系和基本观点展开，讲清楚贯穿其中的立场、观点、方法，讲清楚党中央大政方针和决策部署，以透彻的学理分析回应人民诉求，以强大的真理力量引导人民实践，引导人民群众自觉做习近平新时代中国特色社会主义思想的坚定信仰者和忠实践行者。

理论宣讲要突出建设性。理论宣讲的任务是传导主流意识形态，传播马克思主义的立场、观点、方法。这就要求理论宣讲人员要在学习党的创新理论上先学一步、学深一层，做到认真听、认真学、认真讲。在与党的理论有机结合的基础上，积极选取符合新时代文化特色的主题，善于挖掘身边典型的人与事，设置主题宣讲，在宣传党的方针政策的同时反映群众想法，找准“真经”，通过具体、生动和深入的纵横比较，使党的理论传播做到真实有效。

理论宣讲要加强引导性。宣讲绝不是冷冰冰的说教，更不是居高临下的命令，而应是春风化雨般的引导。要在学好学深学透理论的基础上转变宣讲角度，善于换位思考，把自己作为受众的一员，沉浸其中产生共鸣。因此，不能再沿用传统的“说教式”“满堂灌”，甚至“一言堂”。意欲达到“润物细无声”的效果，要先让自己化为

“一树春风一夜雨”，参与其中，浸润其里，才能真正使宣讲直抵人心，达到引导人民群众的目的。

2. 善于贴近群众，讲好“大众话”

习近平总书记强调：“要注意宣传群众、教育群众，用群众喜闻乐见、易于接受的方法开展工作，提高群众思想觉悟，让他们心热起来、行动起来。”[①] 群众语言是具有亲和力的生活语言。理论要大众化、为群众所接受，关键在于能否贴近群众，转化为群众语言。这既是一个文风问题，也是一个作风问题。宣讲工作者必须走群众路线，多接地气，摒弃令人生厌的“套话”“大话”“废话”“官话”。要将“天下事”讲成“身边事”，把“书面语”译成“土味语”，用“小切口”反映“大主题”，用“小故事”阐释“大道理”，让干部和群众打成一片，让人民群众在“身临其境”“感同身受”中产生共情，从而激发群众对理论学习的热情。

新时代理论宣讲的说服力、吸引力与语言风格、修辞手法密切相关。恰当的修辞手法能使语言充满韵味，在诙谐幽默中让宣讲内容更加入木三分、回味悠远。在宣讲实践中，源自生活的语言表达会让人倍感亲切，特别是类似“顺口溜”“口头禅”的表述往往令人印象深刻，更能打动人，使人产生共鸣。比如，山东省诸城市创新宣讲方式，用群众喜爱听、能听懂的“诸城话”，动员组织“五老”队伍、乡贤、“身边好人”等诸多老百姓身边的草根“明星”组成微宣讲团，用“沾着泥土、满满烟火气”的语言，将宣讲的课堂开设

---

① 《习近平在中央党校（国家行政学院）中青年干部培训班开班式上发表重要讲话强调　年轻干部要提高解决实际问题能力　想干事能干事干成事》，《人民日报》2020 年 10 月 11 日。

2023年4月，山东省滨州市成立“滨滨有理·千人宣讲团”

到房前屋后、田间地头，以接地气、深入群众的方式把党的创新理论送到群众身边。

3. 紧密结合实际，讲好“地方话”

“到什么山上唱什么歌。”开展宣讲必须紧密结合当地、当时情况，因时因地开展针对性宣讲，将所学的精髓融入所思所感所悟，讲给群众听，说与众人听。既要讲大政方针又要讲柴米油盐，既要善于把大道理与小道理贯通起来，动之以情、晓之以理，达到春风化雨、润物无声的宣传效果，又要让群众切实感受到党的理论可亲可近、可学可用。开展理论宣讲要提前了解和掌握当地的人文风貌、产业特点、经济指标等，找准党的理论和现实工作的结合点，真正做到“做中学、学中觉、觉中悟”，让更多的党员干部群众在情理交融中产生更多共鸣，凝聚更多共识，使宣讲既解渴又鼓劲。

理解党的创新理论不能停留于表面，更不能纸上谈兵，而要与助企纾困、为民解难以及乡村振兴、共同富裕等战略紧密结合，实现“学思想、促实干、抓发展”的良好互动。山东省在学习贯彻习近平新时代中国特色社会主义思想主题教育宣讲工作中，注重运用群众喜听爱听的语言，与党员干部群众的生产、生活、思想实际结合起来，把党的路线方针政策讲明白、讲透彻，让基层群众听得懂、能领会、可落实。济南市扎实推进“学·思·享”理论宣讲进基层活动，用贴近生活的实例，让理论宣讲变得生动可亲。宣讲的同时，还将服务带进基层。在槐荫区段店北路街道开展的宣讲活动中，相关部门为街道企业代表送上《济南市惠企政策清单》《企业服务手册》，帮助企业深入了解惠企政策。

（四）拓展宣讲阵地，让理论宣讲变“立”更聚“力”

1. 升级传统平台

传统平台是开展新时代理论宣讲的主要阵地。理论宣讲要充分与新时代文明实践中心（所、站）、各级党校等已有平台阵地相结合，利用党员活动室、文化大舞台、农家书屋以及其他设施相对齐全的场所，建立固定的宣讲活动场所，将传统阵地打造成基层宣讲的孵化器和示范点。以集中授课、专题辅导等传统课堂教学为主要形式，开展“百场理论送基层”“社科讲坛”“青年讲坛”“道德讲堂”等活动，由本地宣讲员或邀请专家学者进行专题宣讲，使宣讲形式更具有固定性。同时，充分发挥传统媒体的理论宣讲阵地作用，在当地电视台和报纸上开设宣讲专题栏目，加大理论宣讲工作力度。在乡镇，可充分发挥乡村广播站（室），开设有乡村特色的理论宣讲栏目，持续巩固提升传统阵地，用好“党员活动室”“农家书屋”“院坝”等线下宣讲形式，将传统阵地打造成基层宣讲的新样板。突破“报告式”传统宣讲模式，打造“行走的宣讲课堂”，组织宣讲员走进实景场地宣讲，结合本地文化、旅游等亮点，在本地红色地标、展览馆等场所开展沉浸式实景宣讲，定制“研学＋宣讲”新路线。同时，充分发挥电视广播等媒体的覆盖优势，打造特色的理论宣讲栏目，全方位、全时空开展宣讲活动。

2. 用活日常平台

把田间地头、车间厂房、群众户家作为宣讲平台，组织宣讲员与群众开展面对面“交谈式”宣讲。根据基层党员群众的实际需求，通过“菜单式”点题选讲，变“以我为主导”为“以群众为主导”，用群众熟悉的语言，对党员群众面对面、零距离地阐述道理，帮助群众解疑释惑，使宣讲形式更具有亲切感。山东省齐河县坚持“群众在哪里，宣讲就延伸到哪里”的原则，通过“课堂＋情景＋云上”模式，形成点线面结合、全方位覆盖的宣讲地图，利用傍晚群众纳凉休闲时间，在大清河碑廊开设“星空宣讲”。同时，把讲堂搬到街头巷尾、学校课堂、公园广场、工厂车间、社区凉亭等群众聚集的地方，开展小型化、院落式、一对一宣讲，说百姓话、讲百姓理，做到学习生产两不误，在面对面、心贴心的互动交流中把理论政策讲实、讲透。

3. 用好融媒体平台

积极开辟新媒体理论宣讲阵地，开发抖音、快手、微信视频号等新平台，遴选一批主题鲜明、内容精彩、情节生动的鲜活故事，运用动漫、短视频、微电影等手段，制作推出一批形式新颖、感染力强的“爆款”融媒体产品，通过新媒体矩阵广泛传播，推进宣讲活动进网络“吸人气”“引流量”，有效提升理论宣讲的到达率、点赞率，努力形成线上与线下、宣讲者与受众间踊跃互动的生动局面。要通过信息技术手段，实现宣讲工作的现代化管理，打造金牌网络宣讲节目，支持直播、转播、回放，扩大宣讲影响力。运用理论宣讲新网络，积极开辟新媒体理论宣讲阵地，推动理论宣讲内容“上云”，让“云上”宣讲有声有色。研究和把握互联网媒体发展规律，积极运用微信、微博、短视频等网络社交媒体新形式开展理论宣讲，引导基层群众积极点击观看、转发、点赞、下载、收藏，为其提供更多、更便捷的学习维度和交流空间。利用微信平台的“微传播＋”优势，在全面、准确、生动宣传党的创新理论的基础上，有机结合乡村振兴、美丽中国、民族团结、医疗保障等社会热词，融汇民族语言和节庆风俗，针对不同受众群体设计微“营养大餐”，让党的创新理论沿着互联网“飞入寻常百姓家”。

4. 开展文艺宣讲

充分发挥文艺爱好者的资源优势，把理论骨干和文艺骨干力量有机组织起来，创编理论宣讲文艺作品，在城乡开展巡回展演，传播党的创新理论，实现“借台宣传、借戏传播”，让干部群众在观赏文艺活动中接受党的创新理论教育熏陶。可以通过打造“宣讲潮课堂”，创新话语表达，将党的创新理论融入群众听得懂、喜欢看、记得住的艺术表演中，用小品、相声以及具有当地特色的歌舞、戏曲等群众喜闻乐见的文艺形式开展宣讲，用艺术形式将党的创新理论唱出来、舞出来、演出来、画出来，让理论宣讲“潮”起来。比如，山东省德州市推行“曲艺＋宣讲”模式，“专业＋民间”双管齐下，将相声、快板、山东快书、西河大鼓和京东大鼓等近10种曲艺的民间传承者收编到宣讲队伍，共培养了540名曲艺宣讲员，把宣讲内容融入“一村一年一场戏”“曲艺进校园”“舞台艺术下基层”等丰富多彩的活动，用“家常话”“大白话”把理论“翻译”得入耳又入心，让政策解读接地气、聚人气。

时代风采

内蒙古锡林郭勒盟苏尼特右旗乌兰牧骑队员

——创新宣讲形式　传承红色基因

“在苏尼特右旗乌兰牧骑展厅里，有这样一些老物件，煤油灯、理发推、医疗箱等，这都是乌兰牧骑除演出之外的另一些‘角色’；除了演出，他们还是农牧民的宣传工作队、文艺辅导队与生活服务队……”近日，一场理论宣讲大赛在内蒙古锡林郭勒盟苏尼特右旗举行，宣讲员黄小云正声情并茂地讲述着新时代基层文艺工作者的故事。

黄小云不仅是苏尼特右旗乌兰牧骑的一名队员，还是当地旗委理论学习轻骑兵队伍中的一名宣讲员。在现场，她结合在乌兰牧骑的见闻，讲了一个个服务农牧民的小故事，现场观众听得津津有味……

像黄小云这样的宣讲员，苏尼特右旗乌兰牧骑队伍里还有很多，他们在工作中不时变换身份，从演员到宣讲员，从宣讲员再变成辅导员。“前几天，乌兰牧骑队员哈斯塔娜来我们嘎查宣讲，她讲述我们身边的故事，还表演活泼的节目，大家特别爱看。”苏尼特右旗脑干塔拉嘎查牧民乌尤代说。

“作为草原上的‘红色文艺轻骑兵’，我们充分发挥覆盖面广、与农牧民联系紧密、宣传演出直观易懂等优势，让‘舞台’变‘讲台’，让‘演员’变‘教员’，通过旗级汇报演出、基层惠民演出、流动宣传宣讲、志愿为民服务等形式，将党的声音传递给广大农牧民。”苏尼特右旗乌兰牧骑队长扎那说。苏尼特右旗乌兰牧骑平均每年开展宣传教育活动达100余场次，实现全旗6万余人宣教全覆盖。

——张枨：《内蒙古锡林郭勒盟苏尼特右旗乌兰牧骑队员——创新宣讲形式　传承红色基因》，《人民日报》2023年11月14日

八

强基固本夯基础

——新时代理论宣讲工作如何行稳致远?

宣传思想文化工作关乎旗帜、关乎道路、关乎国家政治安全，是我们党和国家一项极端重要的工作。习近平总书记强调，要“深刻学习领会新时代党的创新理论，坚持不懈用党的创新理论最新成果武装头脑、指导实践、推动工作”[①]。进入新时代，党的理论创新步伐显著加快，与此相适应，做好理论宣讲工作，让党的创新理论“飞入寻常百姓家”比以往任何时候都更加迫切，但同时面临着许多新挑战新考验。如何做好新时代党的创新理论宣讲工作，切实保障新时代理论宣讲的顺利开展，从而进一步巩固和壮大主流思想舆论，是摆在我们面前必须思考和解答的重大时代课题。

① 《习近平谈治国理政》第4卷，外文出版社2022年版，第510页。

（一）加强顶层设计，健全宣讲工作体系

明者因时而变，知者随事而制。党的二十大报告指出："健全用党的创新理论武装全党、教育人民、指导实践工作体系。"① 这是习近平总书记着眼党的创新理论武装工作面临的新形势新任务新要求，首次作出以体系化建设来推动理论工作高质量发展的重要指示，为理论宣讲战线开展理论宣讲工作指明了方向、提供了遵循。构建理论宣讲工作体系，涵盖组织、内容、队伍、阵地、形式、保障等方方面面，是做好理论宣讲工作全局和长远的基础工程，必须坚持系统观念，加强顶层设计，不断推动新时代理论宣讲工作规范化和长效化。

1. 坚定"主心骨"，加强宣讲组织领导

深入开展理论宣讲，组织是基础，领导是关键。从 2022 年年初开始，山东省临沂市委着力推进"3+1"理论武装工作体系建设，在全市开展"讲故事、学理论"活动，通过讲述习近平总书记心系人民、推进改革、惩治腐败、对外交往等感人故事，从故事中汲取理论的能量，让理论之光照亮蒙山沂水，不断加快临沂在革命老区现代化进程中走在前的步伐。各县区选取县、镇、村三级党员干部，第一书记，企业家等多个层面代表，面向不同受众群体示范宣讲，选取《习近平的七年知青岁月》《习近平在正定》《习近平在厦门》《习近平在福建》《习近平在浙江》等书籍，把高深的理论寓于通俗

① 习近平：《高举中国特色社会主义伟大旗帜　为全面建设社会主义现代化国家而团结奋斗——在中国共产党第二十次全国代表大会上的报告》，人民出版社 2022 年版，第 43 页。

易懂的故事，传播深远。通过构建“3+1”理论武装工作体系，临沂市不断深化理论武装工作，推动全市上下深入学习贯彻习近平新时代中国特色社会主义思想，不断开创临沂市现代化建设的新局面。

临沂市的成功案例充分展示出党的组织领导的强大力量。可见，新时代党的创新理论宣讲工作能否取得实效，组织领导是关键。那么如何加强党的宣讲组织领导呢？一是强化政治建设和纪律建设，始终把握正确政治方向是首要前提。理论宣讲工作首先是政治工作，必须旗帜鲜明讲政治。要以政治建设为统领，自觉践行“四个意识”，坚决做到“两个维护”，始终在政治立场、政治方向、政治原则、政治道路上同以习近平同志为核心的党中央保持高度一致。要严守党的政治纪律和政治规矩，严守党的宣传纪律，不断提高政治敏锐性和政治鉴别力，任何时候都不为杂音噪音所扰，不为错误思想所惑。二是强化政治责任和领导责任，凝聚强大宣讲工作合力是关键所在。要严格落实各级党委（党组）意识形态工作主体责任、党委（党组）主要负责同志第一责任人责任、领导班子成员“一岗双责”，牢牢把握理论宣讲工作的领导权和主动权。要充分发挥党委宣传部、讲师团弘扬主旋律、汇聚正能量的主力军作用，强化各部门各单位“一盘棋”意识，形成“一呼百应、齐抓共管”的工作格局。要加强监督检查，把宣讲工作纳入党建工作责任制和意识形态工作责任制，及时发现和解决问题，对失职失责者严肃追责问责。三是强化作风建设和能力建设，打造一流宣讲工作队伍是坚实保障。要结合党政机构改革，进一步明确各级党委理论宣讲部门职能，建强各级理论宣讲部门领导班子，健全各系统各单位理论宣讲工作队伍。要深入开展增强脚力、眼力、脑力、笔力“四力”培训和实践，引导理论宣讲干部跟上时代节拍，不断掌握新知识、熟悉新领域、开拓新视野，全面提升做好开展理论宣讲的能力和水平。

2. 筑就“压舱石”，完善宣讲制度机制

既要“接天线”，又要“接地气”。2022 年 10 月，上海市嘉定区嘉定镇街道新时代文明实践分中心将学习贯彻党的二十大精神作为当前和未来的首要政治任务，精心组织、扎实推进，确保党的二十大精神得到全面、深入、有效的宣传贯彻。为此，在具体工作中，该分中心不断创新宣讲方式，采取分层次、全覆盖的方法，将党的二十大精神送进企业、机关、校园和社区。通过视频会议、“三会一课”等多种形式，以及“领导干部讲党课”“科室长业务大讲堂”等活动，成功地开展了 100 余场次的研讨交流、心得分享等学习活动。该分中心通过这些深入基层的宣讲活动，将党的二十大精

2019 年 9 月 27 日，以“讲好中国故事，传播好中国声音”为宗旨的外宣工作创新性、基础性平台——“中国好故事”数据库正式上线

神潜移默化地传递给广大群众，让党的二十大精神真正“飞入寻常百姓家”。

嘉定镇街道的生动实践是完善宣讲制度机制的有效例证。由此可见，建立长效宣讲机制是保障理论宣讲工作有序、顺畅、高效运行的根本保障，能有效提升理论宣讲工作的科学化规范化水平。如何形成一套长效的理论宣讲机制呢？一是“劲往一处使”，形成整体合力。明确各级党委宣传部、党委讲师团作为理论宣讲工作的专门机构、牵头部门，同时机关工委、教育、国资等部门牵头抓好本系统的理论宣讲工作；工会、共青团、妇联、工商联等发挥各自优势，将专业理论宣讲队伍与法律、人社、卫计、安全等行业宣讲队伍，基层宣讲队伍和志愿宣讲队伍组织起来，根据中央和上级关于宣讲工作的统一部署开展活动。二是“无规矩不成方圆”，科学规范流程。注重对宣讲工作的全过程全链条管理，宣讲开展前，要认真研究宣讲计划，制定宣讲方案，部署宣讲任务，明确宣讲内容，组织宣讲培训，对宣讲人进行政治审核，对宣讲稿件进行意识形态审核等；宣讲过程中，及时反馈宣讲动态，合理调整宣讲方式；宣讲结束后，建立宣讲档案，交流宣讲经验，选树宣讲典型等，确保每个环节、每项工作都在预设轨道上开展。三是“事莫明于有效”，务求落到实处。定期对宣讲运行情况进行分析研判，对不适应新时代理论宣讲工作、基层反映比较集中的问题，及时进行整改。要充分反映基层干部群众接受理论宣讲的体验和收获，全面展示新时代理论宣讲工作的实践探索与成果成效。

3. 下好“先手棋”，合理统筹宣讲资源

既要“读万卷书”，又要“行万里路”。自 2023 年以来，甘肃

省兰州市城关区靖远路街道根据区委、区政府的安排，有效利用辖区资源，实施了全方位、立体式、分众化的宣讲活动，旨在使新时代的理论宣讲工作更为活跃有效，推动党的创新理论在辖区内落地生根，从而为辖区的经济社会发展提供强大的精神动力和智力支持。该街道利用辖区的甘工委纪念馆、兰州空战纪念亭等红色资源，开设了“沉浸式”宣讲课堂，实地带领辖区党员、居民、社会组织等群体进行宣讲，实现了与历史的隔空对话，使人们接受了精神洗礼。白塔山社区在清明节前夕组织辖区党员群众前往兰州空战纪念亭开展爱国主义教育活动；徐家湾社区在“七一”前夕与辖区共驻共建单位一起走进甘工委纪念馆，通过现场宣讲，共同追寻红色记忆，坚定理想信念。

靖远路街道对红色宣讲资源的充分利用对各地区开展理论宣讲工作具有鲜明示范作用。合理统筹宣讲资源，就是勇于打破地域、体制等限制，通过优化整合、统筹使用宣讲资源，协同开展理论宣讲工作，确保好钢用在刀刃上。如何统筹把握好宣讲资源呢？一是线上线下全联动，统筹平台资源。通过“学习强国”学习平台、主流媒体网站等线上媒体，推动微信、微博、抖音、快手等新兴媒体与电视台、广播电台等传统媒体一体联动，开展系列专题“微宣讲”“云宣讲”。既要用好理论宣讲基地、新时代文明实践中心（站、所）、红色场馆等线下宣讲主阵地，更要主动到乡村大集、文化广场等群众聚集地开展宣讲，推进宣讲阵地覆盖到全域、延伸到群众家门口、辐射到手指端。二是宣讲专家全覆盖，统筹人才资源。采取“兼、邀、聘”等方式，建立宣讲人才专家库，全面实时掌握宣讲人才的资源总量、结构专业、分布等各方面情况，建设涵盖广泛、结构合理、功能完善、相互衔接、动态更新的宣讲人才信息管理系统。

有条件的还可成立理论宣讲协作组织，定期举办联席会议、人才交流会等，将宣讲人才的宣讲方向、宣讲专题列成“菜单”，发放至各级机关、院校、企业、社区等，实现区域宣讲人才资源共享。三是宣讲矩阵全方位，统筹活动资源。主动对接中央开展的重大主题宣讲、主题教育宣讲等集中宣讲，联系上级组织的党代会、“两会”等重要会议精神宣讲，在本级策划系列主题宣讲活动，支持鼓励下级开展特色宣讲活动，形成宣讲活动上下联动、齐抓共管的工作局面。同时，依托网络、电视等进行集中直播、展播，立体发出党的创新理论的最强音。

文献阅读

自觉承担起新形势下宣传思想工作的使命任务（节选）

（2018 年 8 月 21 日）

做好新形势下宣传思想工作，必须自觉承担起举旗帜、聚民心、育新人、兴文化、展形象的使命任务。举旗帜，就是要高举马克思主义、中国特色社会主义的旗帜，坚持不懈用新时代中国特色社会主义思想武装全党、教育人民、推动工作，在学懂弄通做实上下功夫，推动当代中国马克思主义、21 世纪马克思主义深入人心、落地生根。

建设具有强大凝聚力和引领力的社会主义意识形态，是全党特别是宣传思想战线必须担负起的一个战略任务。要做好做强马克思主义宣传教育工作，特别是要在学懂弄通做实新时代中国特色社会主义思想上下功夫。要把坚定“四个自信”作为建设社会主义意识形态的关键，坚持马克思主义在我国哲学社会科学领域的指导地位，建设具有中国特色、中国风格、中国气派的哲学社会科学。要把握正确舆论导向，提高新闻舆论传播力、引导力、影响力、公信力，巩固壮大主流思想舆论。要加强传播手段和话语方式创新，让党的创新理论“飞入寻常百姓家”。要扎实抓好县级融媒体中心建设，更好引导群众、服务群众。要旗帜鲜明坚持真理，立场坚定批驳谬误。要压实压紧各级党委（党组）责任，做到任务落实不马虎、阵地管理不懈怠、责任追究不含糊。

——《习近平谈治国理政》第3卷，外文出版社2020年版，第312—313页

（二）落实主体责任，强化宣讲队伍建设

做好新时代理论宣讲工作，关键在人、在队伍，只有队伍强起来，理论宣讲工作才能强起来。当前，我国进入了全面建设社会主义现代化国家、向第二个百年奋斗目标进军的新征程，我们比历史上任何时期都更加接近实现中华民族伟大复兴的宏伟目标，也比历史上任何时期都更加渴求人才。作为人才队伍建设的一个重要方面，理论宣讲队伍建设对传播党的声音、巩固党的执政地位、增强国家凝聚力、维护社会主义意识形态安全、提升文化软实力等都具有重要意义。新时代新征程，我们要深入贯彻落实习近平总书记关于人才工作的重要论述，着力打造一支政治过硬、结构合理、素质优良的高素质理论宣讲队伍，将党的创新理论、民生政策、中国故事讲深讲活讲透，把党的“好声音”传递到广大党员干部群众中，为实现中华民族伟大复兴中国梦贡献力量。

≫ 山东省齐河县创新打造“清河居说书”百姓宣讲剧场，将党的理论知识转化为群众喜闻乐见的快板、评书、相声等文艺形式，变“单一宣讲”为“生动说唱”，既保证了宣讲的“高度”，又确保了宣讲的“地气”

1. 构建多元宣讲主体，力求“人人能讲”

以“红色链”拉动“连心链”。开展理论宣讲工作，是让党的好声音、好政策传入千家万户的重要途径，也是与居民面对面交流、帮助居民了解基层最新动态的重要窗口。为做好理论宣讲工作，山东省青岛市市南区金门路街道着力构建“人人都是宣讲员”机制，坚持党建引领多元主体参与，不断充实宣讲员队伍。街道党工委牵头抓理论宣讲工作，常态化开展集体宣讲学习，在结合实际学习贯彻党的理论、政策的基础上，研究部署如何讲能让群众听得懂、听得进、喜欢听。通过街道民情大走访行动，了解群众宣讲需求，精心编排宣讲内容，创新宣讲形式，形成“街道党工委—社区党委—网格党总支（片区党支部）”三级衔接畅通有力的宣讲“红色链条”，从“基层党支部书记—党员—群众”实现理论政策直通群众内心的传导链条。截至2023年4月，街道已开展基层党组织书记宣讲活动40余次，“红色链条”逐渐成为联系街道、社区与居民群众的“连心链”。

落实宣讲主体，就是解决“谁来讲”的问题。基层理论宣讲能够常态化、长效化开展，关键是建立了一支数量充足、素质较高、结构多元的宣讲队伍。一般来说，各级宣讲队伍主要由哪几类人员组成呢？如何让各自发挥其独特作用呢？一是寻找“领头雁”，保证宣讲权威性。党校（行政学院或干部培训学院）老师和社科理论工作者是基层理论宣讲的骨干，也是开展理论专题研讨、报告辅导、专题培训等宣讲活动的实施主体，通常以专家型宣讲团的形式集体推出。这些宣讲团成员普遍具有政治素质高、理论水平高的“两高”特征，同时熟悉国情民情，宣讲经验也比较丰富，能够保证党的创新理论和大政方针宣讲的权威性。二是寻找主力军，保证宣讲创新性。青年群体是基层理论宣讲队伍中的新锐，也是基层理论宣讲队伍的未来。青年善于运用年轻的思想、新鲜的表达，把党的声音传递到社会各界，特别能够推动党的创新理论在广大青年中落地生根。三是寻找排头兵，保证宣讲模范性。先进典型是基层理论宣讲的旗帜，也是用身边人、身边事教育引导群众的最直接的榜样。这些先进典型或是在自己所在的行业内作出了突出贡献，或是在自己的本职工作中取得突出业绩，充分彰显了社会主义核心价值观行为准则和中华传统美德，具有很强的先进性、代表性、时代性和典型性。他们结合自己的先进事迹来宣讲理论，可让受众感到“有血有肉、有声有色”“可亲可敬、可学可用”。四是寻找孺子牛，保证宣讲服务性。制定出台相关管理办法，努力培养一批扎根基层、心系群众的优秀宣讲人才和基层宣讲骨干。从各级领导干部、理论工作者、退休党员干部、乡贤文化能人、青年志愿者、驻村第一书记、大学生村官、村镇干部、道德模范、致富能手、工匠艺人中选拔、吸收、培养一批政治素质过硬、热爱宣传事业、擅长宣讲工作的“基层宣讲家”，建强一支立足实际、面向基层、服务群众的专兼职基层理论宣讲队伍，带动提高基层整体宣讲水平。

2. 提高宣讲主体能力，力争“讲深讲实”

以“乡音”传递“党音”。2022年12月，宁夏回族自治区中宁县委宣传部积极谋划，统筹构建了县、乡、村三级领导干部带头宣讲体系，组织深入田间地头、村社民居、扶贫车间等基层一线，用通俗易懂的语言、贴近生活的实例，对党的二十大精神进行阐释和解读，并结合地区特色，从产业发展、增收致富、乡村振兴等多方面，与群众进行面对面交流。辖区舟塔乡结合乡域特色，精心组建了由村“两委”班子、驻村工作队和选调生等人员构成的“枸杞红”宣讲队，用生动鲜活的方言，互动问答的形式，与党员群众聊变化、话发展，用“乡音”将党的二十大精神带到基层。同时，精心选派全县各乡镇、部门（单位）政治素质高、理论水平高、实践经验丰富的30名领导干部、党校讲师组成巡回宣讲团，走进基层、走近群众，生动阐述精神实质，传播党的惠民政策，已开展各类宣讲活动300余场次，覆盖干部群众2.6万余人次，进一步凝聚了广大干部群众团结奋进的思想共识。

宣讲主体，扮演着连接理论政策与人民群众的关键角色，必须拥有将党的创新理论原汁原味传递给群众的核心能力。对于每一个宣讲主体，在具体宣讲实践中应该注意做到哪些方面呢？一是扎实的基本功是前提。注重平时积累理论知识，拓宽知识面，丰富知识储备，用基层群众关心的民生问题去例证理论，让群众感受到理论虽然表达严肃，但说的事情却是与自己息息相关的，这样群众听得就更加聚精会神，宣讲效果自然不会差。二是精准的切入点是关键。对照政策理论，找到“小切口”“小入口”将大道理给讲清楚了，也可以用身边人身边事，把一些硬道理给讲实在了，更应该善于用一些“土方法”“土表达”把党的新表述给讲鲜活了，真正将属于人民的理论用人民乐于接受的表达方式讲给人民听。三是新颖的推广法是重点。通过搭戏台、录视频、微动漫等更加生动鲜活的载体去呈现理论宣讲，都可以让党的理论在基层干部群众的心中扎下根来，也能够让基层百姓群众听得进去、干得下去。

3. 激发宣讲主体活力，力达“讲活讲透”

以“小故事”激活“大能量”。2022 年 10 月下旬，党的二十大代表、山东省兰陵县代村党委书记王传喜在北京参加完会议后，未回家便急忙赶赴“田园新城”共同富裕示范区。他激动地告诉乡亲们，习近平总书记提出的“一个都不能掉队”的小康要求，正是激励我们要共同走上富裕之路。王传喜以细腻的讲述方式传达了习近平总书记的为民情怀，使听众们倍感亲切与温暖。他的讲述如同春雨滋润心田，让人们深刻地认识到共同富裕的重要性。王传喜作为兰陵县的“金牌宣讲员”，他的讲述方式充满了激情和感染力。他不仅传达了习近平总书记的为民情怀，还向人们展示了兰陵县在实现共同富裕方面的成果和经验。这些成果和经验可以为其他地区提供借鉴和启示，帮助更多的人实现共同富裕。在王传喜的讲述中，人们可以感受到实现共同富裕需要每个人的努力和贡献，只有大家齐心协力才能实现这个目标。

党的二十大代表、山东省兰陵县代村党委书记王传喜与代村村民进行面对面宣讲

有活力才有动力，才有干事创业的激情。要注重宣讲队伍的内涵式发展，既要增数量又要强质量，为宣讲队伍注入新活力，不断激发宣讲员内生动力。如何让基层理论宣讲由“苦差”变“美差”呢？一是打造专家型宣讲团，突出宣讲理论性。高标准组建宣讲队伍，按照政治素质好、理论水平高、熟悉省情民情、宣讲经验丰富的标准，通过精心遴选，组建由主要领导干部和资深专家教授组成的宣讲团，对党的创新理论进行阐释宣讲。用好地方特色宣讲品牌，发挥基层宣讲品牌在引导群众、鼓舞群众方面的独特作用。二是充分调动群众力量，展现宣讲主体性。让群众唱主角，发挥优秀青年、英模人物、驻村干部、烈士亲友等群体的作用，组建基层品牌宣讲队伍，注重贴近地方实际，贴近当地干部群众实际，开展形式多样、内容丰富的宣讲活动，扩大宣讲活动的覆盖面和影响力，让宣讲“接地气”“冒热气”。三是加强宣讲队伍建设，彰显宣讲系统性。

把基层宣讲队伍建设纳入干部人才队伍建设总体规划，纳入基层工作目标责任考核，明确职责分工，实行目标考核制度，定期开展检查评比活动，选树宣讲活动中涌现的先进典型，评选最佳宣讲提纲、最佳宣讲员，对表现突出的予以表彰，对不胜任工作的进行调整，对违反宣讲纪律的予以严肃处理。

历史回溯

“教员，给我们讲讲形势吧！”

在井冈山革命斗争时期，红军教导队开学后，毛泽东很关心学员，经常抽空来给他们上政治课，讲解人民军队的宗旨和性质。在江西中央苏区，毛泽东为马克思共产主义学校学员讲授“苏维埃运动史”课程，并常去苏维埃大学作《乡苏维埃怎样进行工作》的报告。

抗战时期，毛泽东经常到延安的一些高校讲党课。有一次，毛泽东等领导同志走进教室时，大家站起来热烈鼓掌。毛泽东微笑着摆摆手，让学员们坐下。他先介绍了跟随他来的几位领导同志，然后说：“我今天帮你们请来几位教员，有洋的，也有土的，我就是土的一个。”当介绍到徐特立时，他说：“他不仅是你们的老师，也是我的老师。”

1937 年 4 月至 8 月，毛泽东又在“抗大”开设了“辩证唯物论”课程。每周二、四上午上课，每次 4 学时，下午参加学员讨论，总共达到 110 多学时。

据陕北公学校长成仿吾回忆：“有一个时期，毛主席经常到陕北公学来，陕公的教员和干部见到毛主席就说：‘教员，给我们讲讲形势吧！’（毛泽东说他是教员出身，所以同志们亲切地称呼他“教员”）

他也很高兴答应作报告。”

毛泽东第一次到陕公讲哲学课时，一开头就说：“今天跟你们讲一个翻天覆地的大问题。”把唯物论和唯心论的哲学问题，说成是“翻天覆地”的大问题，学员们真是闻所未闻。毛泽东先讲唯物论和唯心论，后讲反映论和辩证法。这个讲稿后来整理出来，就是我们所熟知的《实践论》和《矛盾论》两篇文章。对此事，毛泽东在洛川会议前夕曾对郭化若说：“别提讲课了，最近我在陕北公学讲了一次，折本了”“我花三天四夜时间，准备讲课提纲，讲矛盾统一法则，哪知半天就讲完了，这不折本了吗？”

——吴继金：《毛泽东：亲自讲党课宣讲马克思主义》，《世纪风采》2018 年第 5 期

（三）打造工作品牌，提升宣讲亮点特色

为了提升宣讲亮点特色，需要在工作中打造专有品牌。品牌不仅仅是一个标志或一个名称，它代表着一种价值观、一种精神、一种承诺。通过品牌，可以更好地传达理论宣讲的工作理念、目标和价值。一个好的品牌的核心价值理念就是企业价值理念的体现，能让顾客产生共鸣，对品牌产生好感，甚至将品牌视为情感的寄托，具备强大感染力和渗透力。对于理论宣讲工作而言，宣讲工作品牌就是开展理论宣讲工作的名片，不仅体现着自身宣讲工作的特色，也在潜移默化地发挥着统一思想、凝聚力量的积极作用，可以说是理论宣讲的核心竞争力。

1．“抓重点”：拓展丰富理论宣讲内容

特色“理论＋”拓展主题宣讲“同心圆”。“信仰是有味道的，

正因为这种无以言喻的精神之甘、信仰之甜，无数的革命先辈，才情愿吃百般苦、甘心受千般难……”一场别开生面的红色研学活动在山东省日照市东港区主题党日活动中心举办，来自枣庄路小学的同学们正聚精会神地聆听讲解员宣讲红色故事。像这样内容丰富、形式新颖的主题宣讲活动在东港区已然遍地开花。近年来，东港区精心打造“海曲新声”宣讲品牌，因地制宜、因人制宜开展特色化、分众化基层理论宣讲，着力突出内容“广”、形式“新”、地点“活”、言语“简”等特点，将理论宣讲的范围不断拓展外延，“理论 +”的基层宣讲模式用深入浅出、通俗易懂的语言将主题宣讲讲出了特色、讲出了“味道”。

一是心怀“国之大者”，根植思想本源。宣讲内容正确鲜明，是做好理论宣讲工作的根本。要聚焦习近平新时代中国特色社会主义思想，讲清楚这一重要思想的理论体系、精髓要义和立场观点方法，讲清楚“两个确立”的决定性意义，讲清楚中国式现代化的中国特色、本质要求和重大原则，讲清楚新时代党的创新理论的生动实践，推动党的理论宣讲主题更聚焦、内容更丰富。二是聚焦“细枝末节”，着眼民生实事。要把彻底的理论讲彻底，把鲜活的思想讲鲜活，更好地推动理论被群众掌握，就不能泛泛而谈，而要找准“小切口”，善于从小处着眼、从细节入手，这样才能让宣讲深入浅出、鞭辟入里、取得实效。宣讲要着重讲群众感兴趣、喜欢听的民生内容，用通俗易懂的语言翻译党的创新理论，把群众思想统一到党的决策部署上来。三是坚持“奋楫者先”，注重鲜活实例。宣讲内容要守正创新，围绕核心内容进行，碰撞出更多的“思想火花”，提炼出实际管用的“金点子”。另外，要举出实例和具体举措，让老百姓尝到“甜头”、看到“盼头”，提升群众的获得感、幸福感、安全感和满意度。

2. “显成效”：创新运用多种宣讲方式

特色“理论+”搭建主题宣讲“连心桥”。为提升党的二十大精神宣讲效果，江苏省南通市东社镇进一步优化宣传普及队伍结构，吸纳更多不同领域、不同职业的人群投身基层理论宣讲，创新宣讲方式，扩大宣讲范围，扎稳宣讲内容“原生力”、把实宣讲方法“抓地力”、打通宣讲效果“穿透力”。积极开展党的二十大精神宣讲进网络、进企业、进社区、进校园等系列活动75场次，邀请市区专家讲师到村居进寺庙作党的二十大精神专题讲座，真正实现党的创新理论“飞入寻常百姓家”。为扎实做好“贯彻二十大 奋进新征程”宣讲工作，东社镇还积极探索出“理论夜谈”“庭院宣讲”“东社好声音”等基层理论宣讲新路径，积极营造新时代文明实践站里围着学、农家书屋里抢着学、微信群里实时学的浓厚学习氛围，把党和政府的声音传播好，把人民群众的心声反映好，把社会主义核心价值观宣传好，让更多群众在党的二十大精神理论宣讲中体会到幸福感、获得感和满意感。

习近平总书记强调，“坚持解放思想、实事求是、守正创新，更好把坚持马克思主义和发展马克思主义统一起来，坚持用马克思主义之‘矢’去射新时代中国之‘的’”[①]。让党的声音传得更开更广更深入，需要在宣传方式上不断创新。那如何真正做到方式创新呢？一是以“小切口”解析“大道理”。要善于从受众角度思考，结合实际采用故事、曲艺、聊天、讲座等方式，把党的创新理论融入乡土故事、曲艺文艺、互动交流中，用方言俚语、大众视野、基层实际来“翻译”理论、“解释”时政，推动理论“入乡随俗”、入脑入

① 习近平：《更好把握和运用党的百年奋斗历史经验》，《求是》2022年第13期。

心。二是以“小故事”反映“大时代”。要主动融入工作生活场景，以理论宣讲基地、新时代文明实践中心、融媒体中心等为依托，组织宣讲小分队走进活动广场、田间屋后、庭前树下、胡同口、院墙内等开展宣讲，在春风化雨、润物无声中宣传理论、教育群众。三是以“小报道”实现“大宣传”。要充分发挥网络媒体的时效性、便捷性优势，瞄准群众需求，用好视频、高端论述、PPT、文稿、评论、图解、视点、H5、漫画、微视频“十位一体”宣传方式，通过收集素材、撰写讲稿、拍摄制作一批群众喜闻乐见的宣讲微视（音）频，采取“抖音＋微信推送微视频”“入户宣讲＋微视频”“农村大喇叭＋音频”的形式，不断加强可听可视化呈现，形成理论微传播声势。

3.“严落实”：加快培养高素质宣讲人才

特色“理论＋”打造主题宣讲“新样本”。理论宣讲是沟通理论与实践的桥梁，是联系政策与大众的纽带。2023年年初，江苏省苏州市健全理论宣讲人才培训培养机制，沿袭每年举办基层理论宣讲骨干培训班传统，为理论宣讲骨干搭建有效平台，不断提升宣讲骨干的理论水平、知识储备和宣讲能力。实施苏州市新时代基层理论宣讲名师培育计划，市级滚动培育、梯次培养理论宣讲骨干64名，资助建设名师工作站15个。健全理论宣讲队伍动态管理机制，加强对基层理论宣讲名师及名师工作站的考核评估，实施苏州市理论宣讲“青苗”培育行动计划，采取全方位“选苗”、针对性“育苗”、全方位“用苗”的方式，打造青年理论宣讲人才全链条培育体系。健全马克思主义学院建设政策支撑机制，推动在苏州26所高校马克思主义学院建设全覆盖。梯队式推进思政课教师队伍建设，全市高校马克思主义学院专任教师、教学科研人员达596人。扶持推出一批在苏州高校马克思主义学院精品课程和特色宣讲项目，形成马克思主义学院建设与理论宣讲事业互促并进的局面。

宣讲员的能力素质决定着宣讲的水平和效果，要着眼提高理论素养、提升宣讲技巧，不断完善培训体制机制。一是构建立体的宣讲骨干培训体系。增加省级理论宣讲骨干培训班次、人数，加大市、县两级培训力度，重点向基层宣讲员、青年宣讲员群体倾斜。积极走出去实地鉴学，吸收借鉴各地开展理论宣讲工作的成功经验，开阔眼界、扩展思维。二是筹建专业的理论宣讲导师团队。从全国、省级基层理论宣讲先进个人，历年宣讲比赛获奖优胜选手以及资深理论宣讲工作者中遴选导师，作为各级日常宣讲辅导培训等指导专家重点人选，储备集聚资源，指导引领带动。三是重点打造理论宣

2022年11月3日，浙江省安吉县章村镇，在畲族村落郎村成立“畲乡新语”宣讲团，郎村监委主任、宣讲团成员游叶蕾（右三），为当地畲族村民宣讲党的二十大精神

讲青年主力军。从高校、理论研究机构、社会团体中发现和培养优秀青年宣讲员，通过安排重大主题宣讲、巡回宣讲等加大锻炼扶持力度，让他们用自己的“打开方式”开展宣讲。建立省理论宣讲专家库与青年宣讲队伍结对指导机制，在理论上指导、在实践中帮带，为提升广大青年宣讲员的能力水平提供长期服务和帮助。

（四）完善评价机制，促进宣讲工作发展

“虚功实做”是理论宣讲工作的特点，也是理论宣讲工作者务实作风的集中体现。只有作风实，工作才实，成效才显著。理论宣讲是一个潜移默化、润物无声的过程，从表面上看是“软任务”，但容不得半点儿马虎、懈怠，否则就要出大问题。可以说，思想的影响和植入更具有长期性、复杂性和艰巨性，必须有“滴水穿石”的劲头才行。因此，坚持“软任务硬操作”，“化虚为实”“柔中见刚”，就必须发挥考核的“指挥棒”作用，建立完善理论宣讲工作评价机制，将宣讲目标任务分解细化为可以抓在手上的一项项具体任务，推动理论宣讲工作抓出实效。

1. 制定公平合理的工作评价标准，提高科学性

增设“同台竞技”，统一评价标准。2023 年 10 月，西藏自治区拉萨市城关区委宣传部成功举办了首届“优秀宣讲员”评比大赛的决赛。此次比赛共有来自城关区基层的 10 名宣讲员同台竞技，他们以各自独特的方式，讲述了新时代的城关故事，展现了奋进的力量。据了解，初赛有 37 名基层宣讲员积极参与，经过激烈地角逐和层层选拔，最终 10 名宣讲员脱颖而出，成功进入决赛。在决赛现场，宣讲员们通过“个人宣讲＋即兴演讲＋评委互动”的形式，以“小切

口”反映“大时代”、用“小场景”展现“大情怀”。他们以观点鲜明、通俗易懂、引人入胜的“理论微宣讲”方式，为观众带来了一场精彩的宣讲盛宴，充分展示了城关区基层宣讲员的能力水平。宣讲员次旦多吉表示：“通过这次比赛，我在语言表达、宣讲能力等方面都得到了很大的提升。未来，我将继续努力做好宣讲工作，把城关故事传递给更多的人。我将注重以故事感染人、以故事服务人、以故事激励人，善于运用多种手段，增强宣讲的吸引力和感染力。”

宣讲工作评价标准是理论宣讲工作得以顺利进行的基本要素。理论宣讲工作内容的特殊性，决定了它的实际效果不易把握，因此，在实际工作中，需要制定公平合理的工作评价标准。如何把握好这三个关系是重中之重。一是定性研究和定量研究的关系。没有定量研究、数量分析，定性就显得单薄，说服力不强；但光靠定量也不行，唯数据论更不可取。理论宣讲不能以宣讲场次、宣讲受众数量作为衡量指标，以数据论英雄，这就偏离了正确的政治方向，舍弃了社会责任，应该有量的积累，更要有质的提升，让群众在理论宣讲中有获得感。二是经济效益和社会效益的关系。理论宣讲不能直接产生经济效益，一些地方和部门关注经济效益多、社会效益少，导致理论宣讲沦为副业，甚至出现念稿子、走过场的现象，导致宣讲一阵风、雨过地皮湿。理论宣讲评价体系要重点考察社会效益，在指标设计上落细落小落实，探索通过群众诉求解决情况、思想解惑率等进行量化评价，从而解决量化难的问题。三是单场宣讲和总体评价的关系。单场宣讲有时通过一个个故事、典型案例来实现宣传教育功能，不一定适合每个人的口味，但长期潜移默化地宣讲，对受众将是持续不断的理论供给，必定起到较好的作用。因此，既要考察单场宣讲特别是重大主题宣讲的效果，又要跳出单场宣讲进行总体评价，分析受众对理论的接受度、理解力，对宣讲成效进行全面把握，从而反映理论宣讲的整体面貌。

2. 积极贯通宣讲工作的评价通道，增强时效性

厚植人民情怀，“将话筒交给人民”。“自党的二十大召开以来，作为一名宣讲员，深入基层开展了一系列党的二十大精神宣讲活动，我深感使命光荣，责任重大，也收获颇丰！”全国劳动模范、全国道德模范、中建钢构工程有限公司首席专家陆建新是深圳百姓宣讲团的成员，他通过与党员群众面对面、心贴心地交流，让党的二十大精神接地气入人心，引起广泛共鸣。对党的二十大精神宣讲活动，陆建新高度重视，在集团党委的大力支持下，他利用 4 周时间精心准备宣讲报告，其间经过多次修改，使宣讲报告不断得以完善。在宣讲中，陆建新围绕过去五年的工作和新时代十年的伟大变革、以中国式现代化全面推进中华民族伟大复兴、开辟马克思主义中国化时代化新境界、全面建设社会主义现代化国家的目标任务、以伟大自我革命引领伟大社会革命等方面，全面深入解读党的二十大精神。值得一提的是，陆建新结合国家、深圳、行业、公司和个人发展实际，通过故事的形式，以生动的事例、翔实的数据，把党的二十大精神讲得深、讲得透、讲得活，受到广泛好评。

建立宣讲人才职称评价通道，需要从哪些方面入手呢？一是健全宣讲员评优制度。通过群众对宣讲效果的客观评价，激励宣讲员不断提高自身的宣讲水平，同时能吸引更多的基层群众积极参与宣讲活动。这一制度的建立，将为理论宣讲工作者提供更加公平、公正的竞争平台，推动他们不断进步。二是给予宣讲员政策倾斜。对于党政机关的工作人员，应当在职务晋升、职称评定、评先评优等

方面给予政策倾斜，以表彰那些在宣讲工作中取得重大成绩、作出突出贡献的宣讲人才。这将使宣讲工作者感到自己的付出得到了应有的回报，同时能激发他们更加努力地投入宣讲工作中。这种激励方式将有助于提高党政机关工作人员的宣讲水平，推动理论宣讲工作在基层的普及和深入。三是增加宣讲员经费保障。对于草根宣讲骨干，应给予一定的经费保障，并在中宣部组织的基层理论宣讲内部工作表彰及各级宣讲工作表彰中予以倾斜。此外，我们还应该通过媒体广泛宣传推介他们的典型事迹，让更多的人了解这些草根宣讲骨干的贡献和价值。这些措施将为草根宣讲骨干提供更多的机会和平台，帮助他们更好地发挥自己的优势，同时能够吸引更多的人关注和参与到理论宣讲工作中。

3. 健全精准高效的多元评价机制，提升全面性

多管齐下，发出时代“最强音”。如何打造更加常态化的理论宣讲机制？在2022年10月31日举行的浙江省杭州市临平区“好声音”新时代理论宣讲指数发布会上，临平区“好声音”新时代理论宣讲指数评价体系的发布给出了参考答案。临平区“好声音”新时代理论宣讲指数评价体系以“理”“力”“响”“领”4个维度的指数为主架构，包括“理论指数”“活力指数”“响亮指数”“引领指数”等多个评价体系。以往，宣讲工作注重“讲”，却鲜少有“评”的反馈，此次新发布的评价体系进一步健全“好声音”理论宣讲工作的管理、培育、创新等全周期评价机制，深层次、全方位激发宣讲团队活力，以此深度提升临平区理论宣讲工作质效。

创新体制机制是推动理论宣讲工作高质量发展的根本性、全局性和长期性任务。必须在遵循理论宣讲基本特点和规律基础上，依

据多元化评价体系进行客观、公正、有效评价。要真正做到多元化评价，就必须打破多元化评价的壁垒，形成良好的运行秩序。一是理顺理论宣讲中的多对关系。如何平衡和确定不同宣讲任务的权重比例需依据中央关于理论宣讲工作的决策部署而确定。当前主要存在宣讲队伍数量与能力素质、宣讲任务与宣讲保障、宣讲场次与宣讲效果等多重关系。这些关系之间或形成对立，或相互促进，需要彻底厘清、理顺，确保理论宣讲以及多元化评价目标定位的清晰性，相应的多元化评价体系也就更加具有针对性和可操作性。二是强化党委讲师团的主体落实责任。各级党委讲师团要从本级层面推动各职能部门和单位之间的合作和交流，制定出更加有利于对理论宣讲进行多元化评价的制度和方案，尊重理论宣讲规律，改进多元化评价导向，正确引导在对理论宣讲的多元化评价中重视创新质量和贡献。三是破除宣讲体制机制障碍。不断优化评价流程制度，切实减轻各级宣讲任务负担，把他们从烦琐的考评中解放出来。同时，设置相应的评价周期，支持各地在评价周期范围内组织开展特色宣讲活动，多出经验做法，努力营造多元化评价的良好氛围和环境。

时代风采

从“门外看”到“门内干”

谷高峰，国网乳山市供电公司输配电运检中心副主任，也是一名退役军人。自2017年以来，先后4次进藏帮扶，他是点亮“屋脊”的光明使者，也是藏民们的贴心人，更是新时代精神的宣讲者。

2021年，谷高峰参加了山东省乳山市委宣传部组织的马石山烈士纪念馆“学党史忆初心 传薪火祭英烈”主题宣讲活动。虽然去马石山参观学习过，但为了更好地完成宣讲任务，真正用心体会革命先辈的思想，将红色基因传承下去。谷高峰1个月5次抽时间去马石山，在烈士陵园、纪念馆、村头、巷口寻找故事中的线索，寻访旧址，走访百岁老人听老人们讲当时的故事，不断积累小故事，体会先辈们的精神，感悟故事中的环境。

“一寸山河一寸血，一抔热土一抔魂。”这样深入实地的学习让他产生了强烈共鸣，所以在宣讲中他更加直观真切地讲述马石山烈士的精神。一位同学说：“听完宣讲，我才知道我们的幸福生活是先辈们用他们的鲜血和生命换来的。”

每次宣讲经历，都让谷高峰更深切地体会到了宣讲的力量，同时感受到自己肩上的压力。为提升自己的政治理论水平，努力将所有知识吃透，从而转变成自己的语言进行宣讲。他每天都坚持一小时政治理论学习，广泛收集相关的信息资料，及时掌握党和国家的路线、方针、政策，用心用力用情地投入到每一次、每一场的宣讲中，让红色故事、革命精神、党的政策深入人心。

2022年，谷高峰获威海市百姓宣讲比赛一等奖，同年，被聘为中共山东省委讲师团百姓宣讲员。党的二十大胜利召开后，谷高峰第一时间着手准备了相关宣讲，谷高峰说：“作为一名百姓宣讲员，就要做百姓的代言人、贴心人，时刻立足基层，让党的利民惠民政策在基层扎根，开花结果。”

——肖梦凡：《走在新时代路上的宣讲人——记国网山东乳山市供电公司理论宣讲员谷高峰》，齐鲁网·闪电新闻2023年7月11日

后 记

为增强理论宣讲的说服力感染力，更好地把科学理论的“解释力”转化为理论宣传的“说服力”，探索系统全面、务实管用的宣讲方法，中共山东省委宣传部组织编写《宣讲的方法》一书。山东省委常委、宣传部部长白玉刚同志策划本书选题并提出明确要求，省委宣传部分管日常工作的副部长袭艳春同志统筹指导本书编写工作，魏长民、冷兴邦同志主持本书编写并审改了书稿。

本书是山东省社科规划重大项目“新时代党的创新理论大众化通俗化研究项目”（项目编号：ZZAWTJ41）成果。省委讲师团负责业务指导，山东大学马克思主义学院承担课题研究和撰写任务，郑敬斌作为课题负责人，设计了本书的总体框架和整体思路，并负责全书的统稿工作。本书包括前言和8个章节：前言由杨倩倩、陈怩恬撰写；第一章由郑玉蝶撰写；第二章由钟桂华、侯孝彩撰写；第三章由赵柔萱撰写；第四章由杨倩倩撰写；第五章由陈怩恬撰写；第六章由张广汇撰写；第七章由钟桂华、赵柔萱撰写；第八章由侯孝彩、张广汇撰写。

本书在写作过程中，中共山东省委讲师团王为华、刘波、宋晓白、王菡、刘阳、张小敏、董潇、张秀云、李力、白光博、张宵等同志，山东省宣传舆情研究中心战世锴、中共济南市委宣传部徐雷、济南日报惠铭生等同志，从实际工作者角度参与了本书撰写；学习出版社也给予了全力支持。本书还吸收了有关部门和专家的相关研究成果，引用了新华社、人民日报、大众日报、齐鲁网等媒体的相关报道和图片资料，在此表示诚挚的谢意！

本书仅仅是我们对理论宣讲实践总结和研究的初步成果，浅漏之处在所难免，期望读者批评指正。

本书编写组

2024 年 1 月